KB150999

네트워크 마케팅의
201 가지
아이디어

By Richard Tan & K.C.See
MGM Marketing 연구소 편저

201 Simple ideas
to make more $$$ in Network Marketing
by Richard Tan & K.C.See
Original English edition published by Conquest Resources
Korean translation copyright ⓒ2000
by Dragon's Eye Communications, Ltd.

판 권 본 사
독 점 계 약

네트워크 마케팅의 201가지 아이디어

지은이 • 리차드 탄 & 케이 시 시
옮긴이 • 손정미
펴낸이 • 용안미디어
인쇄일 • 2011년 11월 25일
발행일 • 2011년 11월 25일
펴낸곳 • 도서출판 용안미디어
주소 • (135-081)서울시 강남구 역삼1동696-25 영성빌딩
전화 • 569-1580
팩스 • 6442-7442
등록 • 제16-837호
가격 • 8,000원

* ISBN 0-646-36343-3
* 잘못된 책은 바꿔 드립니다.

네트워크 마케팅의 201 가지 아이디어

By Richard Tan & K.C.See

MGM Marketing 연구소 편저

YONGAHN MEDIA

발행에 붙여

나의 아내 로즈마리, 그리고 자녀들 알-린과 케빈에게
그들이 보여준 사랑과 지지에 감사한다.
– 케이 시

아내이며 동반자인 베로이카, 나의 사랑하는 딸 그레이스와
아들 아론에게 그들의 격려와 사랑에 감사하며…
– 리챠드

감사의 말

다음의 분들에게 감사의 말씀을 드린다.

이 책의 출판을 도와주신 분
제시카 씨, 알렉스 서, 포에비 틴, 제린 탠, 나나 오오이

영감을 주고 지원을 아끼지 않으신 분
게리 로버트, 로버트 키와사키, 제이 아브라함
죤 일튼 포그, 랜디 와드, 조 지라드
죤 버리, 앤드류 매튜, 패트릭 & 켈리 리유

아이디어의 씨앗을 심어주신 분
스티브 탠, 에이미 왕, 에스 티 앵, 에드윈 쿠, 모드 아이사, 스티븐 츄

퀀텀 립 그룹의 회원들
슬로우 러너스 그룹의 회원들
재정관리 부트 캠프와 머니 앤 유 캠프 졸업자들

우리를 지지해 주신 분들
석세스 리소시스와 퀘스트 그룹의 모든 회원들

"201 길라잡이"

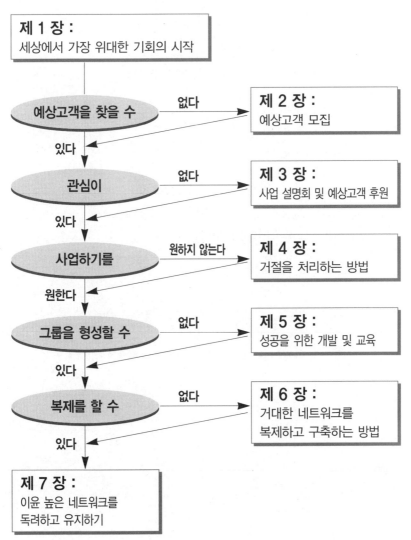

제 1 장 :
세상에서 가장 위대한 기회의 시작

예상고객을 찾을 수 ──없다──▶ **제 2 장 :**
예상고객 모집

있다

관심이 ──없다──▶ **제 3 장 :**
사업 설명회 및 예상고객 후원

있다

사업하기를 ──원하지 않는다──▶ **제 4 장 :**
거절을 처리하는 방법

원한다

그룹을 형성할 수 ──없다──▶ **제 5 장 :**
성공을 위한 개발 및 교육

있다

복제를 할 수 ──없다──▶ **제 6 장 :**
거대한 네트워크를
복제하고 구축하는 방법

있다

제 7 장 :
이윤 높은 네트워크를
독려하고 유지하기

차례

머리말

이 책은 소개 부분을 쓰지 않고 시작했다. 우리는 단순히 원하고 있는 것에 대한 비전을 가지고 있었고 이러한 생각으로 책을 시작했다. 처음 이 책은 101가지 아이디어로 시작됐지만 결국에는 201가지 아이디어로 끝맺음되었다.

책이 모양을 갖춰가면서 우리는 이 책을 쓰는 것에 대해 매우 만족스러워 했으며 따라서 즐겁게 집필을 마감할 수 있었다. 단지 어려웠던 점은 우리 둘이 서로 다른 나라에 살고 있다는 것이었다.

이 책에서 중점을 두었던 것은 우리가 성과를 거두었던 것들을 기초로 사업자들에게 아이디어를 제공하는 것이었지만 기본적인 개념 정리도 필요하다는 사실을 깨닫게 되었다. 이때 세 가지 중요한 개념이 머리에 떠올랐다.

1. 네트워크 마케팅이란 무엇인가?
2. 왜 이 마케팅을 '세상에서 가장 위대한 기회'라고 하는가?
3. 이 마케팅이 지향하는 바는 무엇인가?

우리는 네트워크 마케팅을 좀더 일찍 만났어야 했는데 그렇지 못했다. 우리가 이 사업을 만나는 데 시간이 걸렸던 이유는 이 업계에 대한 선입관 때문이었다.

처음에는 집집마다 찾아다니면서 생활용품 등과 같은 물건을 파는 일쯤으로 생각했었다. 그렇게 한다고 해서 잘못된 것은 아니지만 문제는 대부분 이 업계를 그렇게 생각하고 있다는 것이다.

이쪽 산업의 이름을 방문판매에서 멀티레벨 마케팅으로, 그리고 네트워크 마케팅으로 바꾼 것은 장기적으로 이 업계에 대한 이해를 올바르게 하는 데 도움이 될 수는 있겠지만 현재의 생각을 하룻밤 사이에 바꿀 수는 없을 것이다.

그렇다면 네트워크 마케팅이란 무엇인가? 그것은 바로 본인이 생각하고 있는 대로 모습을 갖춰갈 것이라고 생각한다. 만약 이 마케팅을 순수한 판매사업이라고 생각한다면 결국 판매를 많이 하려고 노력할 것이다. 이러한 생각은 많은 사람들에게도 효과가 있다!

만약 일확천금을 잡을 수 있는 게임이라고 생각한 사람들은 이 게임을 할 것이고 어쩌면 잘할 수도 있다. 결국 본인의 가치가 자신의 습관을 지배하고 본인의 이해가 자신의 행동을 결정한다. 결국 본인의 가치와 이해가 바로 사업방식을 결정짓는 것이다.

우리는 이 마케팅을 제품 유통방식의 관점에서 패러다임의 변화로 본다. 즉, 중간상인을 거쳤던 전통적 유통방식에서 소비자에게 직접 전달되는 방식으로 변환하는 것이다.

이 사업은 합당한 가격에 독특하고 더좋은 품질의 제품을 구매할 수 있는 소비자 네트워크의 구축이며 또한 부의 이동 기회로 본다.

이제 부를 기업의 손에서 개별적인 사람들의 손으로 이동시키는 것이다. 그리고 장기적인 자산으로 이 일을 하는 사람들에게 잔여수입을 장기적으로 제공한다.

결국 이 마케팅을 가장 간단한 형태로 보면 다른 사람들과 제품이나 정보를 공유함으로써 구전(口傳)을 통한 광고를 시작하는 것이다.

네트워크 마케팅에서 약속이 모두 꿈일까, 아니면 현실일까?

아마도 이는 현실일 것이다. 그러나 다른 꿈들처럼 대부분의 사람들에게는 이룰 수 없는 꿈으로 남아 있다. 왜냐하면 이들은 약속을 실현하기위해 충분한 노력을 기울이지 않았기 때문이다. 이 사업에서 성공을 거두려면 어느 정도의 노력과 훈련이 요구된다. 우리가 처음 네트워크 마케팅의 기회를 만났을 때 우리는 이 기회를 다른 사업과 같이 평가했다. 이 사업이 매력적인 이유는 시간을 활용하여 돈을 벌 수 있다는 점이다.

부를 정의하자면 내일 당장 일을 그만두더라도 생존할 수 있는 날짜라고 말할 수 있다.

이 사업은 우리가 당장 내일 일을 그만둔다고 하더라도 경제적으로계속해서 우리를 지원할 자산을 만들 수 있는 가장 훌륭한 기회이다.

물론, 이러한 일이 가능하려면 여러 가지 조건이 필요하다.

우선, 가장 중요한 것은 올바른 회사를 선택하는 것이다. 만약 이러한회사를 통해 세계적인 사업으로 키워갈 수 있다면 이는 가장 위대한 기회가 된다. 특히 본 업계의 많은 회사들이 계속해서 국제화되어 가고 있는 추세이기 때문에 그 성장 가능성은 매우 높다. 또한 이 업계의 회사가영업을 하고 있는 나라인 경우라면 그 나라에서 사업을 하는 것이 상대적으로 용이한 편이다.

이외에도 이 사업은 이 업계의 많은 사람들에게 재정적 가능성이매우 크고, 사업에 참여하기 쉽기 때문에 가장 큰 사업 기회라고 할 수있다.

그렇다면 이 업계는 어디로 나아갈 것인가?

우리가 많은 사업자들에게 이야기하고 있는 것처럼 만약 본인의 친척, 친구, 선후배,동료들에게 이 사업을 소개하지 않는다면 누군가 다른 사람이 할 것이라는 것이다.

이 산업은 의심의 여지없이 붐을 일으키고 있다.

반면, 또 한가지 지적해야 할 사항은 이 산업은 엄청난 변화를 겪고 있다는 것이다. 만약 베테랑 마케터들이 이러한 변화에 적응하지 못한다면 아마도 그들은 그 옛날 공룡과 같은 최후를 맞이하게 될 수도 있다. 이러한 변화를 부추기는 두 가지 요인은 다음과 같이 나눌 수 있다.

첫째는 이 산업의 수단으로서 기술의 역할이 늘어가고 있다는 것이다.

둘째는 이 산업에 참여하는 사람들의 인적 사항이 변화하고 있다는 것이다.

따라서 마케터들은 새로운 기술을 습득해야 하고 접근 방식뿐만 아니라 자신의 시스템을 업그레이드 시켜야 한다. 그렇지 않으면 시대에 뒤쳐질 수밖에 없다.

"미래는 과거와 같지 않다." 미래는 역동적이고 활기에 넘칠 것이다. 만약 당신이 이 사업에 참여했다면 자신감과 정열을 가지고 이 새로운 미개척 분야에 뛰어들어 성공적인 사업을 이끌어야 한다.

그러나 아직 이 산업에 참여하지 않았다면 자신이 딛고 서있는 좁은 테두리에서 뛰쳐나와 뭔가 다른 일을 시도해 보아야 할 때이다.

누가 아는가? 자신의 인생을 되돌려 받을 수 있다는 것을…

NETWORK MARKETING 201 IDEA

Step 1

세상에서 가장 위대한
사업의 시작

1. 자신의 선택대로 일한다

네트워크 마케팅(Network Marketing)은 자신이 선택한 시간과 장소에서 자신이 선택한 사람들과 사업을 할 수 있다. 잡(Main job)이 있는 경우 더블 잡으로도 할 수 있고 재택근무도 가능하다. 특히 긍정적이고 열정이 있는 사람들과 삶을 논하며 일할 수 있는 거의 유일한 사업이다.

2. 자신이 사장이다.

사업을 선택하면 그 사람 스스로가 사업주가 된다. 이 사업은 영역이 없기 때문에 하고 싶은 곳에서 일할 수 있으며 사업을 잘하고 싶다면 열심히 그리고 현명하게 일할 준비가 되어 있어야 한다.

3. 제품! 제품! 제품!

우선 제품을 사용해 보아야 한다. 제품은 품질이 우수하고 자랑할 거리가 있어야 한다. 다른 경쟁 제품에 비해 자신이 다룰 제품의 특징과 장점은 무엇인가? 제품을 사용해 본 경험을 살려서 이러한 제품의 특징과 장점을 설명하면 제품에 대한 확신을 주면서 설득력 있는 홍보 효과를 거둘 수 있다.

4. 회사를 알아야 한다

가능한 회사에 대해 많이 알고 있어야 한다. 경영진도 만나고 사무실도 방문해보라. 회사에 대해 많이 알고 있을수록 더 효과적으로 사업을 할 수 있다.

다음 사항을 점검하라.

- 사업주는 누구이며 사업실적은 어떠한가?
- 이 사업을 시작한 지 얼마나 되었는가?
- 판매실적은 얼마이며 성장률은 얼마인가?
- 참여하고 있는 사업자와 성장속도는 어떠한가?

5. 얼마를 벌 수 있는가?

마케팅 플랜을 이해하고 있어야 한다. 회사의 마케팅 플랜을 공부하고 업라인의 설명을 들어라. 자신과 다운라인의 판매실적에 따른 보너스 규정을 잘 알고 있어야 한다.

또한 효율적인 지급비율을 이해하고 있어야 하며 자신과 자신의 그룹이 일정한 가정 하에서 얼마만큼 돈을 벌 수 있는지 알고 있어야 한다.

6. 믿음 체계가 우선이다

성공은 단기간에 이루어지는 것이 아니라, 작은 성공들이 모여 달성되는 것이다. 한걸음씩 성장하는 가운데 믿음은 커지고 의심은 줄어들게된다.믿음이란 회사(제품, 플랜 등)에 대한 믿음, 지도력에 대한 믿음, 그리고 가장 중요한 것은 자신에 대한 믿음이다.자신에 대한 믿음은 성공을 성취하는데 가장 큰 주춧돌이 된다.

7. 타인의 성공을 도와 자기성공을 구축하라

이 사업은 다른 사람들의 인생이 더 나아지도록 도와주는 사업이다. 이 사업은 독특한 구조로 자신의 성공은 다른 사람들이 성공할 수 있도록 도와주는 데 직접적으로 영향을 받는다. 큰 성공을 원한다면 많은 사람들을 도와주어라.

사람들이 인생에서 얻고 싶어하는 것을 얻을 수 있도록 도와준다면 자신도 원하던 것을 얻게 될 것이다. 아니 그 이상을 얻을 것이다.

– 지그 지글러

8. 일정관리에 충실하라

스케줄 관리는 모든 경영 지침서에서나 마케팅 권위자들이 강조하는 성공 방법이다. 매일 자신의 목표에 초점을 맞춰 스케줄 을 관리해라. 이런 과정을 통해 성취에 대한 동기부여를 받으며 자신의 목표는 곧 현실이 된다.

매일 아침이나 전날 저녁에 스케줄을 정리해 두어라.

9. 재택근무로 할 수 있다

이 사업은 재택근무를 할 수 있다!

〈세상에서 가장 위대한 네트워커〉의 저자 존 밀튼 포그는 자신의 집 창고에서 사업을 시작했다. 현재 세계에서 가장 빨리 성장하는 산업이 바로 재택근무가 가능한 사업들이다.

10. 가족(특히 배우자)을 사업에 참여시켜라

가족을 팀의 일원으로 참여시켜라.

예상고객이 어느날 갑자기 집으로 전화를 해서 "안녕하세요?"라고 인사를 했는데, "지금 집에 없으니 나중에 전화하세요."라고 가족이 전화를 받으면 당신의 전문가적인 이미지에 손상이 갈 수 있다. 가족에게 전화 응대법에 대해 가르쳐라.

당신이 다운라인을 보살피는 일을 가족들이 신나서 도울 수 있도록 만들어라. 이때는 칭찬이 가장 좋은 동기부여 수단이 된다. 다른 사람들에게(또는 가족들 앞에서) 당신 가족이 얼마나 전화를 잘 받는지를 칭찬하라.

11. 가족에게 전화 응대법을 가르쳐라

- 미소를 지으며 유쾌하게 인사말을 하도록 하라.
- 상대방이 다시 전화하기 꺼려한다면 절대로 요청하지 말라. (다음에 전화 주세요! = NO) 메모를 하게 해서 전달 받아라.
- 상대방에게 관심을 표현하도록 하라: "분명히 그도 이 문제에 대해서 이야기하고 싶어할 겁니다. 돌아오는 대로 곧 전화 드리도록 하겠습니다."
- 통화를 끝낼 때는"감사합니다."로 끝인사를 한다.

12. 전화를 할 때는 거울을 보면서 하라

가끔, 우리 자신의 감정 상태를 스스로 인식하지 못할 때가 있다. 거울에 비친 자신의 모습을 보고서야 현재의 기분을 파악할 수 있다. 전화기 옆에 거울을 두고 스스로에게 미소를 보내라.

그러면 이상하게도 전화 목소리가 바뀔 것이다. 내면적으로 기분이 좋아지면 전화 목소리도 더 좋아진다.

13. 항상 연락이 닿을 수 있도록 하라

당신에게 연락하기가 쉬운가? 물론, 당신은 항상 자신에게 연락하기 쉽다고 생각할 것이다. 왜냐하면 당신은 자신이 어디에 있는지 항상 알고 있으니까. 그러나 다른 사람들이 당신에게 연락하기 어렵다고 말할 때 이 말을 단순히 무시해 버리는가? 이 말에  귀를 기울여라. 다른 사람들이 당신에게 물건을 구매하거나 사업에 참여하기 쉽도록 만들어야 한다. 휴대폰, 전화응답기, e-메일 등을 갖추어 놓아라. 어떻게 해서라도 당신에게 연락하기 쉽도록 해야 한다. 고객이 당신을 찾지 못하면 다른 사람을 찾게 될 테니까.

14. 경청하는 자세를 가져라

상대방을 사업에 관심을 갖게 하려면 상대방을 잘 알아야 한다. 질문을 하고 많이 듣고 답변을 이끌어 내어 원하는 것을 충족시켜 주어라. 그러면 생각보다 많은 판매가 이루어지고 많은 사람을 리크루팅할 수 있다.

• 상대방에게 듣기를 강요하지 마라.

- 상대방의 말에 관심을 기울이고 도중에 말을 막지마라.

- 즉시 대응하지 말고 끝까지 들어라.

- 실패자는 말을 많이하고 잘 듣지 않는다.

15. 전화를 잘 활용하라

이 사업에서 전화를 활용하는 것은 매우 중요하다.

예상고객이 전화를 걸어와 사업에 대해 좀더 많은 정보를 얻고 자 할 때, 당신은 하던 일을 멈추고 친절하게 응대를 해야한다.

- 통화중에 갑자기 끊기거나 불통되었을 때를 대비해 상대방의 전화번호가 자동 기록되는 기능을 설정해 놓아라.

- 사업을 위한 전화는 따로 준비해두어라.

- 통화를 할 때 마치 예상고객의 얼굴을 보고 있는 것처럼 미소를 지어라. 그러면 목소리가 밝고 감미로워질 것이다. 또한 단조롭거나 조급해지지도 않을 것이다.

- 전화 응답기 녹음하기 - "안녕하세요 ○○○입니다. 저에게 메시지를 남겨 주십시오. 가능한 귀하께 최상의 도움을 드릴 수 있도록 자세히 말씀해 주십시오. 그러면 필요하신 정보를 가지고 곧 연락 드리겠습니다. 감사합니다!" -응답기 확인 후 전화를 할때는 녹음된 상대방의 목소리를 칭찬하면서 얘기를 시작한다.

16. 항상 바인더를 휴대하라

항상 바인더나 조그마한 노트를 가지고 다녀라. 아이디어는 생각하지 못했던 순간에 나오는 법이다. 누군가를 기다리고 있을 때, 이동 중에, 구경을 하다가. 그때마다 기록을 해놓으면 잊어버리지 않는다. 또는 컴퓨터 프로그램에 있는 전자 노트를 이용할 수 있다. 이 프로그램은 줄이 쳐진 노트와 같은 역할을 한다.

- 의문점, 아이디어, 기억할 사항 등 적고자 하는 사항을 기록해 두어라.

17. 자기만의 성공여행을 하라

꿈과 목표를 적어서 간직하라. 주, 달, 연간 계획뿐 아니라 매일매일의 계획을 기록하여 간직하라. 잠자리에 들기 전에 매일 밤, 꿈을 기록하고 검토한다면 꿈을 이룰 수 있는 가능성이 더 높아진다. 좌

절감을 느낄 때는 지금까지 달성한 기록들을 검토해 보아라. 기운이 솟을 것이다. 그리고 나면 다시 성공여행을 떠날 준비가 된 것이다.

18. 제품에 대한 열정을 가져라

이 업계에서 성공한 사업자, 샌디 엘스버그(Sandy Ellsberg)에 따르면 공정한 마케팅 플랜이 뒷받침된 제품에 열정을 갖는 것이 이 업계에서 성공하는 길이라고 했다.

제품을 사랑하지 않는 다면 아무 소용 없는 일이다. 기억하라!

(그렇다! 이것은 사랑이다)

이 업계는 입에서 입을 통해 광고를 하기 때문에 본인이 좋아하거나 개인적으로 사용하는 제품에 대해 친구에게 해줄 이야기거리를 생각해 놓지 않으면 이 업계에서 성공할 수 없다.

19. 명함을 교환하라

기네스북에 따르면 세계에서 가장 위대한 자동차 세일즈맨은 조 지라르(Joe Girard)인데 이 사람에게서 배운 최고의 교훈은 명함을 주는 것이다. 조는 자신이 알고 있는 사람뿐만 아니라 자신이 알지 못하는 사람들에게도 명함을 주라고 말한다. 그 예로 그는 풋볼 게임에 갔던 일화을 이야기했다. 경기장에는 수천 명의 사람들이 있었다. 그는 명함 한 통을 모두 공중에 던졌다. 일부는 그 명함을 주워서 조에게 전화를 걸어 차를 구입했다.

- 명함을 주는 데 인색하지 말라. 또한 다른 사람으로부터 명함을 받는 것도 중요하다.
- 명함을 받을 때는 가능한, 명함을 집어넣기 전에 몇 가지 질 문을 하라.
- 명함은 상대방의 분신임을 기억하라. 따라서 조심스럽게 다루어야 한다.
- 명함을 두 장 받아서 한 장은 관심을 가지고 있는 사람에게 전달해 주어라.

20. 명함을 독특하게 만들어라

남달라야 한다는 뜻이다. 명함을 따분하게 검거나 희게 만들어 놓으면 사람들의 명함꽂이에 꽂혀 있는 자신의 명함은 치열한 경쟁을 치러야 한다. 따라서 자신의 명함을 남다르고 독특하게 만들 방법을 생각해 보아라.

쿠키 장사인 월리 아모스(Wally Amos)는 작은 과자봉지를 자신의 명함에 붙였다. 사람들은 쿠키를 좋아하기 때문에 명함을 보관하게 된다고 한다.

자신의 명함을 롤러덱스 모양으로 만들어서 자신의 이름, 회사명, 직업 등을 적은 꼬리표를 달면 어떨까? 이렇게 하면 참조하기 쉽고 보관하기 쉽다.

- 자신의 사진을 명함에 인쇄하라.
- 여러 가지 색과 디자인을 이용하라.
- 조금만 노력하면 즐거울 수 있는데, 왜! 따분한 명함을 만드는가?

21. 꿈을 가진 사람을 찾아라

사람들에게 꿈에 대해 질문하라. 뮤지컬 〈남태평양〉에 나오는 노래에서 "꿈이 없다면 어떻게 꿈을 실현할 수 있는가?"라는 말이 있다. 19세기 가장 성공한 사업가, 세실 로드(Cecil Rhode)는 기회를 찾아 로디지아로 나온 사람들에게 "꿈이 무엇입니까?"라고 질문을 했다. 그리고 꿈이 없는 사람은 고용하지 않았다.

사람들의 꿈에 대해 물어보고 관심을 보여라. 그렇게 함으로써 그들에게 더욱더 많은 도움을 줄 수 있고 관계를 돈독히 할 수 있다.

22. 미소를 지어라

미소를 지어라. 만나는 사람들의 눈을 들여다보면서 미소를 보내라. 미소는 당신을 멋지게 하고 기분을 좋아지게 한다. 미소는 세상에서 가장 저렴한 화장품이다.

23. 편안한 곳에 사무실을 꾸며라

현재 거대하게 성장한 회사들도 처음에는 차고나 거실, 쓰지 않는 방에서부터 출발했다. 중요한 것은 서류와 책상을 놓을 수 있는 공간과 제품을 전시해 놓을 수 있는 조그만 공간만 있으면 사업을 할 수 있다는 점이다. 사무실을 꾸미고 싶다면 비싸게 치장하지 않아도 되며 크기에 너무 신경쓰지 않아도 된다. 여건이 된다면 회사나 그룹에서 운영하는 사업장을 이용할 수도 있다.

24. 왜 사업 참여를 희망하는 가?

왜! 이 사업에 참여하기를 희망하는가? 성공한 사업자들을 보면 대부분 경험에 힘입어 사업을 꾸려나간다. 따라서 이러한 경험에서 나온 방법을 인식하고 다른 사람에게 전달하는 것이 중요하다. 이러한 경험이 성공에 대한 명확한 비전을 제시 해주기 때문이다.

25. 진정한 사업으로 생각하라.

많은 사람들이 이 사업을 한탕주의에 입각해 생각한다. 이런 사람들은 성공할 수 없을 뿐만 아니라 믿음과 신뢰를 떨어뜨리고 나아가 업계의 이미지 마져 실추 시킨다.

'진정한 마음을 가지고 열심히 한다면 커다란 성공을 이루게 될 것이다.'

26. 가장 큰 장애물은 두려움이다.

많은 사람들이 이 사업의 거대한 잠재력을 알고 있지만 아직 그 잠재력을 실현하지 못하는 경우가 있다. 이들은 분명 주어진 모든 자료와 정보를 가지고 있지만 다른 사람에게 전달하려는 첫 순간을 망설이고 있는 것이다.

이러한 사람들의 가장 큰 장애물은 두려움이다. 거부에 대한 두려움, 비웃음이나 사지 않을까 하는 두려움, 나쁜 인식을 받지나 않을까 하는 두려움 등. 대부분의 경우 두려움은 믿음이 확고하지 못하거나 용기가 없을 때 나타난다.

이러한 두려움과 압박감은 자신의 제안이 가치있는 것일 뿐만아니라 사람들의 인생을 훌륭하게 바꿀 수 있다는 신념을 강하게 가질때 사라지게 된다.

27. 인생에서 원하는 것이 무엇인가?

대부분의 사업자들은 오늘의 사업으로 어떻게 내일의 이익을 가져올 것인가에 대해 신중한 태도를 취한다. 하지만 모든 사람들의 인생이 똑같지는 않다. 따라서 자신의 인생 나름대로 사업계획을 작성해야 한다.

또한 사업목표를 세우는 것과 마찬가지로 인생에서 원하는 것이 무엇인지 알고 있어야 한다.

28. 가족보다 중요한 것이 무엇인가?

얼마 전, 나는 아내와 10대인 두 아이들과 함께 저녁을 먹었다. 내 아들은 그날 학교에서 일어난 일들을 내게 열심히 이야기했다. 그러나 나는 아들의 이야기를 무관심하게 흘려보냈다.

아들의 얘기가 끝나자 나는, 그 얘기에 대해서 한마디 대꾸도 하지 않은 채, 아내에게 그날 하루의 일을 얘기하기 시작했다. 그런데 갑자기 아들이 자리를 박차고 일어났다.

나는 그때서야 아들이 심통이 났다는 생각이 들었고 곧 바로 아들에게 학교에서 일어난 일을 물었다. 아들은 이렇게 말했다. "아빠, 이미 다 이야기했는데 관심이 하나도 없으셨잖아요.

아빠는 사업 말고 중요한 것이 아무 것도 없죠?"

내 아이들에게 내 사업보다 가족들을 더 중요하게 생각하고 있다는 것을 느끼도록 해주어야 한다.

29. 조화로운 인생을 만들어라.

많은 사업자들은 자신의 일을 통해 개인 생활에 활력을 더하는 훌륭한 능력을 보여주고 있다. 왜냐하면 방법은 너무나 간단하기 때문이다.

매달 초 컴퓨터에 나오는 가족 및 개인 일정 캘린더를 사용하여 향후 30일 간의 계획을 짠다. 그리고 그 일정을 사업 일정에 포함시킨다. 이렇게 하면 일정에 따라 원하는 대로 일을 할 수 있다

30. 가족시간을 할애하라.

많은 사업자들의 경우, '대부분의 시간을 비즈니스에 쓰면서 걱정하지 말라. 괜찮다. 가족들은 자신이 없어도 한동안은 잘 할 수 있다'라고 합리화를 시킨다. 그러나 이것은 사실이 아니다.

가족들은 사업의 경우와 마찬가지로 자신들에게 관심이 집중되기를 바란다. 따라서 적어도 일 주일에 하루 저녁은 가족들과 함께 저녁 식사를 할 수 있도록 남겨두는 습관을 가지는 것도 좋은 방법이다.

• 어떤 사업자는 자녀를 사업하는 곳에 데리고 오기도 한다.

• 아이들은 등록을 받거나 브로셔 배포, 부스 관리 등과 같은 간단한 일을 도울 수도 있다.

31. 성공하지 못하는 이유들

안타깝게도 사업에서 성공하지 못하는 데는 여러가지 이유가 있다. 그것은 매사에 부정적인 자세와 실패를 의식하는 것, 남들에게 바라기만 하고 노력하지 않는것, 가족 및 팀원들과의 화합 부족, 자기존중과 자부심의 부족 등.

32. 책임감을 가져라.

다른 사람(회사, 파트너)을 탓하거나 자신의 실수에 대해 변명 또는 합리화를 하지 말고 책임을 져라. 이 사업은 다른 전통 사업과 달리 여러 가지 면에서 크게 다르다.

첫 번째는 지원 시스템이 자신의 업라인과 회사로부터 지원을 받도록 고안되어 있다는 점이다. 이러한 시스템은 전통적인 사업에서는 찾아볼 수 없는 이점이다.

그러나 이것이 불이익으로 작용할 수도 있다. 사람들은 일이 잘 되지 않으면 다른 사람의 탓으로 돌리는 경향이 있기 때문이다. 일부 사업자들은 자신의 실패에 대해 책임을 지지 않으면서 그 책임을 전가시킬 수 있는 대상을 생각한다.

다른 모든 사업에서와 마찬가지로 자신의 실패는 자신이 책임을 지는 게 당연한 것이다.

두 번째 이점은 사업에 참여하기가 상대적으로 쉽다는 것이다.

(이것 또한 불이익이 될 수 있다)

적은 자본금, 여가시간 활용 등. 이것 또한 일이 잘 되지 않으면 사업자들은 실패를 교훈 삼는 대신 합리화나 변명을 늘어놓게 된다. 또한 초기 자본금이 적기 때문에 쉽게 포기하기도 한다.

다른 사업의 경우라면 포기하지 않고 해결책을 모색할 것이다. '당신은 책임감을 갖는 그날부터 성공을 움켜잡을 수 있다!' 는 것을 명심하라.

NETWORK
MARKE
TING 201
IDEA

Step 2

예상고객 모집

33. 어떤 사람을 찾아야 하나?

예상고객을 찾는 데는 두 가지 면에서 중점을 두어야 한다.

첫 번째는 잠재고객을 찾는 것이다. 고객 중 일부는 회원에 가입하여 회원 가격으로 제품을 구입하고자 할 수 있다.

두 번째는 고객으로서뿐만 아니라 신규 가입자를 모집하여 팀에 가담시켜 사업을 함께 하고 싶어할 수 있다. 따라서 이러한 모든 경우를 감안하여야 한다. 왜냐하면 예상고객이 어떤 부분에 관심이 있는지 알 수 없기 때문이다.

34. 예상고객 명단작성

예상고객을 찾는 첫 번째 단계는 연락을 취할 사람들의 명단을 작성하는 것이다. 이 단계에서 다른 방법은 없다. 예상고객 명단은 없어서는 안될 중요한 수단이다.

유명한 네트워커, 마크 야넬은 자신의 다운라인에게 각자 200명의 이름을 써오도록 요구한다. 하지만, 대부분은 곧 바로 할 수 없다는 반응을 보인다. 그래도 마크 야넬은 이 작업을 고집한다.

일단 이 작업을 시작하게 되면 이 작업을 통해 그들은 영원히 다른 마음자세를 갖게 되기 때문이다.

35. 예상명단 워크시트

연락을 취할 사람을 분류해 보면 친지, 이웃, 현재의 친구, 옛친구, 동창, 현재의 동료, 과거의 동료, 종교인, 동호회, 담당의사, 치과의사, 미용사등 다양하다.

어느 성공적인 비즈니스맨은 언제 어디를 가든 항상 12장의 인명 자료철을 가지고 다니는 데, 거기에는 12가지 영역으로 분류되어있는 장마다, 각각의 범주안에 포함되는 사람들의 이름이 적혀있다. 한장의 종이에 대략 20명 가량의 이름이 적혀 있으므로 그는 240명 이상의 가망고객을 확보하고 있는 것이다. 이것은 그가 훌륭한 실적을 올리는 데 부족함이 없는 숫자임에 분명하다. 그가 말하는 가망고객 선정을 위한 12영역은 당신에게 매우 유익한 아이디어가 될 것이다.

12영역은 다음과같이 분류할 수 있다.

1) 전에 직장에서 알았던 사람들

2) 군 동료나 학교 동창 관계

3) 취미활동으로 알게 된 사람들

4) 공공 활동이나 자선 활동을 통해 접촉했던 사람들

5) 주택 관계로 알게 된 사람들 -가스 ,전기, 가구, 냉난방 등

6) 현재 함께살고 있거나 예전에 같이 산적이 있는 모든 이웃들

7) 자가용 오너로서 알게 된 사람들-자동차 판매업자,서비스 센터 등

8) 식료품상부터 은행원에 이르기까지 거래한적이 있는 모든 사람들

9) 자녀들을 통해 알게 된 사람들

10) 종교 및 동호인 활동에서 알게 된 사람들

11) 부부의 활동 영역에서 알게 된 사람들

12) 클럽활동에서 알게 된 사람들

36. 스스로 미리 판단하지 말라.

일단 명단을 작성하고 나면 이름에 우선순위를 매기고 그 순서에 따라 한 번에 한 사람씩 일을 시작할 수 있다. 그러나 "아! ~이 사람은 관심이 없을 거야!"라고 혼자 판단하지 말라. 우선순위는 두뇌 선입견을 가지고 미리 판단해서는 안 된다. 즉, '선입견을 갖지 말라'는 것이다.

37. 우선순위 매기는 방법

우선순위를 매길 때 이용할 수 있는 여러 기준이 있다.

a) 재정상태를 개선하고 싶어하는 사람

b) 이미 폭넓은 네트워크와 영향력을 확보하고 있는 사람

c) 사교성이 있는 사람

d) 경험 있는 마케터 등등...

38. 1대 디스트리뷰터

1대 디스트리뷰터는 매우 중요한 사람들이다. 당신과 함께 일을 시작할 사람들이고 당신의 시간을 궁극적으로 할애할 대상이기 때문이다. 당신은 제대로 일할 사람을 찾고 싶은 욕심에 1대를 많이 모집하고 싶어할 수도 있다. 그러나 결국 당신이 중점을 두게 되는 1대는 몇 명 정도로 많아야 5명에서 10명 정도가 될 것이다. 자신이 감당할 수 없을 만큼, 많은 사람을 모집할 필요는 없다.

39. 사람들로부터 소개를 받으라.

이 사업의 기본 개념은 소개에 있으며 이것은 고객 명단을 계속 증가시키는 방법이기도 하다. 만약 상대방이 관심을 보이지 않더라도 제품이나 사업에 관심이 있을 것 같은 사람을 소개시켜 달라고 부탁해보라. 최소한 3명 정도를 소개 받거나 본인에게 소개 시켜줄 수 있는 사람의 이름을 알아보라. 개인적으로 소개를 받는 것은 매우 중요하다. 왜냐하면 처음 연락을 할 때 소개받은 사람의 이름을 이야기하면 대화를 하기가 쉬워진다.

소개받은 사람에게 전화할 때는 누구의 소개로 전화 드렸습니다. 귀하께서 필요로 하는 것을 얻는 데 도움을 드리고 싶습니다. 라는 인사를 한다.

40. 진주조개잡이 이야기

리크루팅을 성공적으로 이끌어 내는 효율적인 방법을 설명할 때 가장 많이 인용되는 것으로 누가 그 이야기를 만들어 냈는지 알 수는 없지만 이 업계에서는 거의 전설이 된 이야기이다.

옛날 스타스와 기올스라는 두 진주조개잡이 친구가 그리스 외딴섬에 살고 있었다. 스타스는 돈을 많이 벌었지만 기올스는 가족들 먹여 살리기도 힘든 생활을 하고 있었다.

하루는 스타스가 운이 없는 동료 기올스를 도와줄 방법이 없을까 하고 궁리 끝에 함께 잠수를 하기로 했다. 기올스가 먼저 잠수질을 시작했는데, 그럴 듯한 조개 하나를 찾아내어 조심스럽게 해변으로 가지고 나와 조개껍질을 가르기 시작했다. 그때 스타스가 물었다. "왜 그렇게 빨리 나왔어? 기껏 잠수해서 조개 하나 가지고 나왔단 말이야?" / "참견 마, 이 조개속에 틀림없이 진주가 있을 것 같은 예감이 들었거든"

스타스는 조개를 쪼개는 친구의 모습을 지켜보았다. 아뿔사, 그러나 조개속에는 진주가 없었다. 기올스는 조개를 조심스럽게 닫아 두 손으로 움켜쥐고 지긋이 눈을 감으며 몸을 흔들었다.

"기올스, 뭐하는 짓인가?" / "나는 이 조개를 믿어 잘 보살펴주면 내 은혜에 보답하려고 언젠가는 진주를 하나 길러낼 거야." 스타스는 머리를 설레설레 흔들며 그 자리를 떠났다. 날이 저물고 있었기에 서둘러 잠수질을 시작한 스타스는 백 여개 정도의 조개를 망에 담아 해변으로 끌고 나왔다. 그리고 하나하나 가르기 시작했다. 물론 진주가 없는 조개는

물속에 던져 넣었다. 땅거미가 질 무렵 친구가 무엇을 하고 있나 살펴 봤는데 아직도 그 조개를 보살피고 있었다. "스타스 자네 뭐 좀 잡았나?" / "물론이지 빈 조개 아흔 다섯 개는 버렸지만 다섯 개는 들어있었네 오늘 저녁 아내와 한잔 해야겠어" 그러자 기올스가 -"스타스 너는 정말 운이 좋은 놈이구나"....

41. 설득이 아니라 가려내는 것

대부분의 사업자들은 자신이 접촉한 사람들이 빈 조개임을 알고 서도 언젠가는 진주를 품을 수 있는 좋은 재목감이라 착각하고 집착한다.

그리고 이들을 리쿠르팅 하기 위해 지속적으로 접촉한다. 어떤 사업자는 10번도 넘게 한 사람에게 사업 소개를 계속하는 경우도 있다. 이는 빈 조개에 너무 집착하고 있는 것인데 리쿠르팅의 비밀은 설득에 있는 것이 아니라 가려내는 것이다. 이 원칙을 무시하고 빈 조개에 시간과 에너지를 낭비하다 보면 기운을 잃고 결국은 포기하게 된다.

42. 진주가 없으면 다음 사람을 찾으라.

전문 사업가로서 해야 할 일은 진정한 사업자를 발견할 때까지 예비 사업자들을 가려내는 것으로 대상자에게 정확한 정보와 사실을 알려주면 된다. 빈 조개에 집착하는 것보다 새로운 조개를 캐내고 그 조개에서 새로운 진주를 발견하는 것이 현명한 방법인 것이다.

예비 사업자를 관찰하면서 그 조개안에 진주가 들어있는지 체크한다. 만약 진주가 없다면 다음 사람을 찾아나서야 한다. 진주가 없는 사람을 위해 많은 시간을 할애할 필요는 없다.

43. 모든 사람들에게 기회를 줘라. (다이아몬드 캐기)

누가 당신의 다이아몬드가 될지 모르는 일이다. 이 사업에서 성공을 거두는 사람들은 다양하다. 별로 기대하지 않았던 사람이 크게 성공하는가 하면, 잘될 것으로 믿었던 사람이 성공 근처에 도 가지 못하는 경우가 있다. 따라서 최상의 방법은 모든 사람들에게 기회를 주고 똑같이 관심을 가지는 것이다. 그리고 이들이 사업을 시작할 때, 성공할 수 있도록 도와주어야 한다.

44. 비전이 없는 사람

사람들을 자신의 네트워크에 가입시키려고 할 때, 모든 사람들이 자신의 인생에 대한 비전을 가지고 있는 것은 아니다. 이들에게 스스로가 능력이 있다는 것을 일깨워 주고 격려를 해주지 않으면 단지 좋은 '후보감'으로만 남게 될 뿐이다. 이런 사람들은 이 사업이 인생을 바꿀 수 있는 기회를 어떻게 제시하는 지에 대해 알려고도 하지 않지만 그렇다고 그것에 대한 설명을 거절하지도 않는다.

45. 이름이 없는 예상고객

명단에 이름을 반드시 기입해야 하는 것은 아니다. 이름은 모르지만 예를 들어 '옆집에 예쁜 코를 가진 여자' 라고 적어 놓을 수도 있다. 이 사업은 슈퍼맨이나 슈퍼우먼을 위한 사업일 뿐만 아니라 누구나 할 수 있는 사업이기도 하다. 즉, 많은 수입을 원하는 평범한 사람이 할 수 있는 훌륭한 사업이다. 따라서 누구든 당신의 명단에 오를 수 있다.

46. 친구를 고객으로 만들기

가장 좋은 친구가 반드시 가장 좋은 예상고객은 아니다! 사실 좋은 친구가 당신의 의욕을 저하시킬 수도 있다. 이러한 친구는 진심으로 사업을 만류하지만 이는 사업을 이해하지 못하고 단지 자신의 친구가 못된

계략에 빠졌다고 생각하고 있는 것이다.

　이런 친구와 함께 일을 한다면 어느 누구와도 일을 할 수 있다. 사업에 대해 설명하고 친구에게 궁금한 점들을 이야기하게 하거나 그가 걱정하고 있는 것에 대해서 물어보라. 친구가 관심이 없다고 말하면 그냥 두어라. 그리고 지속적으로 연락을 취하면서 당신의 성공을 알려라. 수당을 많이 받게 되면 친구를 접대하면서 사업을 설명하고 시상식장에도 친구를 초대하라.이렇게 하다보면 친구는 인식을 새롭게 할 것이고 그들이 당신을 찾을 때는 그들을 위한 사업 기회의 문이 열려 있음을 알게 될 것이다.

- 누구에게든 확신을 주려고 하지 말라.
- 사람들을 밀쳐내지 말고 끌어당겨라.

47. 남편 또는 아내를 모집하라.

　예상고객이 결혼을 하였다면 남편과 아내를 모두 초대해서 함께 이 사업에 대해 알아볼 수 있도록 하라. 그렇게 하면 "저의 집사람 또는 남편에게 물어보아야 합니다."라는 핑계를 피할 수 있다.

48. 가족을 고객으로 만들기

반드시 가족을 우선순위에 둘 필요는 없다. 가족들은 당신의 제품을 구매하고 좋은 고객이 될 수 있지만, 사업의 참여 여부에 대해서는 가족 관계와는 아무런 상관이 없다. 가장 중요한 점은 가족이 사업을 거절한다고 해서 화를 내서는 안 된다는 것이다. 친구의 경우처럼 대처하라. 가족에게 항상 상세한 정보를 주면서 그들을 위한 문을 항상 열어 두어라.

49. 친분이 있는 예상고객 명단을 작성한 이후

친분이 있는 예상고객의 명단을 작성하고 나서 무엇을 할 것인가? - 알고 있는 사람들이 모두 명단에 올라 있는지 확인해 보는 작업이 필요하다. 어떤 사람들은 차라리 새로운 사람들을 찾겠다고 생각하는 경우도 있는데 이유는 자신이 알고 있는 사람들은 이 사업을 하지 않을 것이라고 단정지어 버리기 때문이다. 또한 아직도 자신의 사업이나 제품에 대해 확신이 없기 때문이다.

따라서 차라리 '위험도'가 적은 사람들, 예를 들어 모르는 사람들과 일을 하면 나중에 성공을 못한다고 해도 크게 문제되지 않을 것이라고 생각하기 때문이다.

50. 낚시는 고기가 있는 곳에서 하라.

친분이 있는 사람들을 모두 명단에 올린 것이 확실하다면 그 다음으로 최상의 예상고객을 어디서 찾을 것인가? 예상고객의 우선순위 매기는 방법(37번 참조)으로 돌아가 그 사람들이 있는 장소로 가라. 예를 들면, 돈을 벌고 싶어하는 사람들은 주로 돈 버는 것과 관련된 세미나에 참석하거나 금융 관련 잡지의 구독자이다. 만약 본인이 훌륭한 낚시꾼이라면 고기가 있는 곳으로 찾아가지 않겠는가?

51. 친분이 없는 예상고객

친분이 없는 예상고객 명단을 작성하기 전에 친분이 있는 고객 명단을 작성하라. 그러나 항상 낯선 사람에게 사업을 설명할 준비가 되어 있어야 한다. 대부분의 경우, 사람을 처음 만나 얼어붙지 않으려면 상대방에게 먼저 미소를 보내면 된다. 일단 미소를 짓고 나서(미소를 반드시 지어야 한다!) 자신을 소개한 다음 상대방에게 질문을 하라. 어떤 질문을 해야 할지 모르는가? 그렇다면 상대방이 당신에게 질문해 주었으면 좋겠다고 생각하는 질문을 하라. 예를 들어, 직업이 무엇입니까? 상대방의 대답을 들을 때는 중심이 되는 화제거리를 찾아라. 곧이어 상대방이 비슷한 질문을 할텐데 이는 상대방이 자신도 모르게 당신에게 사업 기회를 설명할 기회를 제공하는 셈이 된다. 이때 당신이 할 수 있는 최고의 답변은 다음과 같이 할 수 있다: "저는 다른 사람이 처음으로 백만 달러를 벌 수 있도록 도와주는 일을 하고 있습니다." 이런 이야기를 들었을 때, 당신이 상대방의 입장이더라도 더 알고 싶은 생각이 들지 않겠는가? 자기 나름대로 다른 사람에게 사업에 대해서 이야기해 줄 수 있는 특별한 방법을 고안해 보아라.

그래서 다른 사람들이 당신의 사업에 대해 더 자세히 알고 싶어 '죽을' 지경이 되도록 만들어야 한다.

52. 까다롭게 예상고객 모집하기

사업을 시작할 때 당신은 누구나 그리고 아무나 모집하지 않는다는 점을 예상고객에게 설명하라. 또한 최고이면서 매우 헌신적인 다운라인을 원한다면 예상고객에게 당신의 파트너가 되어야 하는 이유를 물어 보라. 이렇게 하다 보면 많은 후보감을 놓칠 수도 있겠지만 이렇게 해서 등록한 사업자는 영원히 지속할 것이다.

53. 거리에서 예상고객 모집하기

어느 날 늦은 저녁, 한 사업자의 차가 운행중 고장이 났다. 그런데마침 그곳을 지나던 택시 운전사가 차를 멈추고 사업자의 차량수리를 도와주었다.

그 사업자는 택시 운전사에게 시간을 이용하여 돈 버는 방법을 설명하면서 그를 사업에 참여시킬 수 있었다.

54. 전화로는 단지 약속을 정하는 것이다.

낯선 사람에게 전화를 걸어 약속을 정하려고 한다면 전화상으로 제품이나 사업기회에 대해 이야기하지 말라. 기억하라. 약속을 정하는 것이 중요하다. 만약 예상고객이 만나는 이유를 계속 물어온다면 전화상으로 얘기하기가 너무 길거나 어렵다고 말하라. 또한 이야기를 하려면 30분 또는 한 시간 정도 걸린다는 점을 강조하라. 누구든 자신의 사업 기회를 설명하기도 전에 거절당하고 싶지는 않을 것이다.

성공 포인트 | 자신의 제품이나 사업 기회가 뛰어나다는 걸 믿고 전화를 받은 상대방이 누구든 원할 것이라는 자신감을 가져라.

55. SW, SW, SW, SW 규칙

예상고객 모집에 있어 기본 규칙은 SW, SW, SW,SW이다.

사업설명을 하러 나갈 때는 "어떤 사람은 이 사업에 참여할 것이고 어떤 사람은 하지 않을 것이다. 그렇다고 무엇이 문제인가? 누군가는 기다리고 있다! (Some will do it, Some won' t. So what? Some is waiting)"라는 규칙을 명심하라. 이러한 마음가짐은 거절의 늪에서 빠져 나올 수 있는 갑옷이 되어 줄 것이다.

56. 예상고객의 마음을 편안하게 해주어라.

항상 자신의 고객이 편안함을 느낄 수 있는 분위기을 만들어야 한다. 예상고객과 이야기를 할 때는 주문서나 등록 양식을 보이는 곳에 놓아두어라. 그렇게 하면 예상고객은 이 양식들을 보고 주문, 등록할 마음의 자세를 자연스럽게 가질 수 있다.

57. 거절시에도 항상 관계를 유지하라.(문을 열어 두어라)

누구에게나 문을 열어 두어라. 어떤 사람들은 당신의 사업에 참여하지 않겠다고 이야기하거나 제품 사용을 거절하기도 한다. 이런 얘기를 들은 당신은 거절당한 것에 화가 날 수 있다. 그러나 문을 열어 두고 상대방의 마음을 편안하게 해주어라. 그러면 그들은 다시 만날 날이 있을 것이다.

호텔 체인 홀리데인이 처음 문을 열었을 때, 호텔 사장인 케몬스 윌슨은 은행에 창업자금을 대출받으러 갔다가 거절당했다. 그러나 그가 다른 곳에서 사업자금을 얻어 사업을 시작하고 나서 거절당했던 은행을 다시 찾았을 때, 그는 사업자금을 대출 받을 수 있게 되었다. 그가 그렇게 할 수 있었던 것은 항상 '친분관계'를 유지해 왔기 때문이다.

58. 스스로 광고하라.

모든 방법을 동원하여 사람들에게 자신의 사업에 대해 이야기하라. 봉투에, 편지지 로고 아래에, 명함 빈 여백에 또는 포장지에, 본인이 판매하고 있는 제품 정보를 인쇄해 놓을 수 있다.

59. 연락처를 남겨라.

발송하는 모든 우편물에는 자신의 연락처를 남겨서 사람들이 연락해 올 수 있도록 해야 한다. 본인이 사용할 수 있는 광고물은 수천 가지이다. 오디오 테이프, 브로셔, 교육자료, 전단 등등… 이 모든 것에 본인의 이름과 연락 번호를 기입해 놓아야 한다.

60. 전화는 짧게 하라.

예상고객에게 전화를 걸어 약속을 정하고자 할 때는 말을 빙빙 돌리지 말고 요점만 말해라. 상대방이 바쁠 수도 있으므로 통화는 간단하게 해야 한다. 설명이나 얘기가 필요할 때는 직접 만나 이야기하는 것이 더 효과적이다.

61. 일찍 일어난 새가 벌레를 잡는다.

사업을 시작할 준비가 되었으면 우선 해야 할 일은 고객이나 예비 사업자을 찾아나서는 것이다. 사업자을 모집할 때는 가능한 빨리 행동을 취하는 것이 당신의 사업에 참가율을 높일 수 있다. 우물쭈물하다가 연락하면 '우수한' 예상고객은 다른 사람에게 이미 등록했을 것이다.

62. 저렴한 홍보 수단을 이용하라.

포스터나 전단지를 여러 곳에 두루 분포시켜 놓아라. 사업에 대해 설명할 기회가 있으면 어디든지 조그만 홍보책자를 가지고 다녀라. 자료를 예상고객에게 전달할 수 있다면 앞서갈 수 있다.

63. 여러가지 마케팅 기법을 활용하라.

가능한 모든 종류의 마케팅 기법을 고려해 보라. 한가지 예는 비록 비싼 방법이긴 하지만 광고를 하는 것이다. 광고를 활용할 때는 반드시 이 방법이 효과가 있는지 확인해 보아야 한다.

몇 개의 광고를 준비해서 어느 광고가 가장 응답률이 높고 효과가 좋은지 실험해 보라.

64. 마케팅에서는 헤드라인이 중요하다.

사업에서 마케팅 기법(광고, 팩스, 우편 등)을 이용하려 한다면 헤드라인을 통해 차별화할 수 있다. 국제 마케팅 컨설턴트인 게리 로버트는 헤드라인이 적절하게 이용되었는지를 알아볼 수 있는 재미있는 방법을 발견하였다. "내 헤드라인을 전화번호부에 싣고 그 밑에 전화번호를 명시하였다면 사람들이 전화를 해올 것인가?"라는 것이다. 만약 사람들이 그것을 보고 전화를 해온다면 그 헤드라인은 우수하다고 할 수 있다.

65. 자신의 새 다운라인을 공개하라.

예상고객의 관심을 끄는 최상의 방법 중 하나는 당신의 새 다운라인을 공개하는 것이다. 그러면 예상고객이 다운라인 명단에서 아는 사람을 발견할 경우, 그 프로그램에 참여하지 않았던 것을 후회할 수도 있다.

66. 예상고객에게 참석을 권유하라.

예상고객이 본사로 방문하거나 컨벤션에 참석하였다면 대부분 사업에 참여할 것이다. 예상고객은 회사가 실속이 있다는 것을 발견하게 되면 큰 감명을 받게 되기 때문이다

67. 인터넷을 이용한 온라인 모집

최근 업계에서 자주 쓰이는 말은 e-비지니스이다. 이 때문에 많은 사람들이 키보드 앞에 앉아서 온라인 모집을 시도한다.

그러나 우편 메시지를 온라인 포럼이나 뉴스그룹에 발송할 경우, 실패할 수 있다. 이 방법 말고 인터넷을 통해 예상고객에게 접속할 수 있는 방법이 있다. 온라인 서비스로 제공되는 업계 전문포럼 사이트로 가서 질문에 답변을 올리면서, 시간을 이용하여 돈을 벌 수 있는 방법을 이야기하라. 메시지 끝에는 돈 버는 시스템을 제안하라. 그리고 '명함' 을 남겨 두어라.

68. 거물급 모집하기

구조 조정을 단행하고 있는 기업의 인사부에 연락을 해 보라. 일부 회사에서는 폐기할 옛날 직원의 인사 서류를 가지고 있다. 이러한 서류에서 본인의 사업 설명회에 초대할 초청자에 대한 정보를 얻을 수 있다.

69. 젊은 혈기를 깨워라.

학교를 갓 졸업한 사람들을 모집하지 않는 것은 큰 손해이다. 옛날 중국 속담에 "영웅은 어려서 만들어진다"라는 말이 있다. 대부분의 젊은이들은 자신들의 나이가 도전에 직면할 최상의 시기라고 생각한다. 이들은 일 주일에 80시간씩 일해도 걱정해야 할 배우자나 자녀가 없다.

70. 모든 사람이 모집 대상이다.

재정적인 독립을 갈망하는 사람들, 다른 사람들이 성공하도록 돕는 것을 좋아하는 사람들, 많은 돈을 벌기를 원하며 자신의 라이프 스타일을 원하는 사람 등 모든 사람이 리크루팅 대상이다. 그리고 그들에게 정보를 제공함으로써 돈을 버는 일이다

NETWORK MARKETING 201 IDEA

Step 3

사업 설명회 및
예상고객 후원

71. 좋은 교육자가 되라

네트웍 마케팅은 예상고객에게 필요성을 교육하는 사업이다. 다른 사업과 달리 이 사업은 제품이나 회사를 판매한다는 개념보다는 소비자(사업자)를 교육한다는 전제 위에 세워진다. 즉 마케팅 뒤에 숨겨져 있는 것들 이른바 시간 활용, 수입원의 다각화, 수입의 극대화 등의 개념을 예상고객에게 교육해야 하는 것이다. 다시 말해 네트워크를 조직하려면 제품 판매를 위해 소비자를 모집하는 것이 아니라 사업적인 개념을 이해하는 사업가를 모집해야 하는 것이다.

72. 발에 맞는 신발을 골라라

어느 유명한 사업가가 말하기를 네트웍 마케팅은 신발을 사는 것과 같다고 했다. 신발을 골라 발에 맞지 않으면 발에 맞는 다른 신발을 찾는다. 제정신인 사람이라면 발에 맞지 않는 신발을 신고 괴로워하지는 않을 것

이다. 이 사업은 신발을 고르는 것처럼 사람을 고르는 사업이다. 신발이 자신의 발에 항상 맞지는 않는 것처럼 어떤 사람들은 그들이 원하는 대로 놓아두는 수 밖에 없는 경우도 있다. 우리는 사람들의 인생을 바꾸는 사업을 하지만 그렇다고 사람들 자체를 변화시켜야 하는 것은 아니다.

73. 몇 명을 모집해야 하는가?

과연 이 사업은 몇 명이 필요할까? "그래서 당신은 네트웍 마케터가 되고 싶은가."의 저자 킴 클레버는 자신의 조사결과를 발표했는데, 이 업계에서 한 달에 2만 달러 이상을 버는 대부분의 리더는 수입의 80% 이상을 4개 정도의 레그에서 발생시킨다고 말하고 있으며 또한 전세계에서 활동하는 다운라인의 25%를 차지하는 가장 위대한 사업가의 레그는 12개 정도라고 한다. 기억하라! 예수의 12제자가 모두 훌륭했던 것은 아니다. 그 중 한 명은 예수를 배반했다!

74. 4단계 후원의 개념

후원에 있어서 중요한 규칙 중 한가지는 "상대방이 듣고 싶어하는 얘기를 하지 않는 한, 아무도 본인의 이야기를 들으려고 하지 않는다"는 것이다.

본인의 이야기를 상대방이 듣게 하려면 다음 4가지 단계를 적용하라.

1) 상대방의 입장에서 질문을 하고 이야기를 들어라 | 무엇을 묻고 무엇을

들을 것인가? 상대방이 당신에게 물어주었으면 좋겠다고 생각하는 것을 질문하라. 그리고 상대방의 관심사에 대한 이야기를 들어라.

2) 교감 및 신뢰감 형성하기 | 이것은 공통적인 바디랭귀지에서부터 공통적인 관심사에 이르기까지 공통분모를 발견하는 것이다.

3) 상대방의 욕구를 이해하기 | 왜 사람들은 네트웍 마케팅에 참여하기를 원하는가? 그 이유는 시간활용에서부터 대중 앞에서 이야기할 수 있는 기회에 이르기까지 다양하다. 사람마다 그 이유가 다를 수 있다. 그 이유를 이해하고 그들의 욕구를 수용하라.

4) 욕구에 맞는 사업 설명 | 상대방의 욕구에 알맞게 사업을 설명하라. 여기에는 여러 가지 방법이 있다. 시간을 자유롭게 활용할 수 있다거나 수입을 늘릴 수 있다는 점을 설명하라. 제품에 대해 이야기할 수도 있고 단순히 돈을 벌 수 있는 잠재력에 대해 정보를 교환할 수도 있다.

75. 효과적인 질문 방법

상대방의 관심을 끌거나 상대방의 패러다임을 변화시키려면 효과적으로 질문을 해야 한다. 상대방의 의식을 깨울 수 있는 질문을 하라. 예를 들어, "어느날 갑자기 어떤 이유 때문에 실직을 한다면 가족을 부양할 수 있는 다른 생계 대책이 있습니까?" 등과 같은 질문을 하라.

76. 밀치지 말고 끌어 당겨라.

상대방의 의지와 상반된 견해로 설득을 하려고 하면 확신을 줄 수 없다. 예상고객이 이야기를 듣지 않는 것은 그가 원하는 얘기가 아니기 때문이다. 더 이상 상대방을 밀어내는 정보를 이야기하지 말고 끌어 당기는 이야기를 하라.

77. 설명하지 말고 질문하라.

설명하는 대신 질문을 하라. 너무 오랫동안 설명하면 상대방의 동의를 얻어낼 수가 없다. 대신, 많은 질문을 하면 상대방을 생각하게 만들 수 있고 상대방의 흥미를 끌 수 있는 가능성이 더 높아진다.

78. 타이밍이 중요하다.

사업 설명이란? 예상고객의 이야기를 듣고서 그 고객의 욕구를 이해하고 그 욕구에 맞는 주제를 선정하는 것이다. 만약 예상고객이 얘기를 들을 기분이 아니라면 사업 얘기를 하지 않을 수도 있다. 이 사업은 타이밍이 중요하다. 따라서 예상고객과의 만남을 두 부분으로 나누는 것이 필요하다. 왜냐하면 첫 번째 만남에서 자세한 사업 이야기를 하기 곤란한 경우가 있을 수 있기 때문이다.

79. 욕구의 코드를 자극하라.

욕구를 자극하라. 성공한 디스트리뷰터는 여러 가지 방법으로 욕구를 자극한다. 한 가지 방법은 멋진 그림을 그리는 것이다. 그러면 사람들은 보고, 냄새를 맡고, 맛을보고, 아니면 제품을 소유한 경험을 하게 된다. 또다른 방법은 사람들로 하여금 상실감을 느끼게 하는 것이다. 예를 들어, "요즘은 모두들 추가 수입원을 찾고 있습니다." 또는 "이번이 마지막 기회입니다."라고 이야기함으로써 혼자 남겨지지 않으려는 욕구를 자극하는 것이다.

80. 사냥을 하지 말고 미끼를 던져라.

사업을 키울 수 있는 또 다른 방법은 이야기할 수 있는 모든 기회를 잡는 것이다. 어디에 있든, 누구와 함께 하든, 제품과 사업 기회, 그리고 그 이점에 대해 말할 수 있는 기회를 잡아라.

예를 들어, 어떤 사람이 쉽게 피곤해진다는 문제를 말했다고 가정하자. 그러면 당신의 제품을 써보도록 권할 수 있다. 물론 이것은 적절한 해결책의 제시여야 한다.

파는 일에만 급급한 것처럼 들려서는 안 된다. 제품 또는 회사가 자신의 인생을 어떻게 향상시켰는지에 대해 이야기하라.

제품이나 사업에 대해 궁금증을 가지게 만들어라. 이러한 궁금증은 일상 대화 속에서 만들어야 한다. 그러면 상대방은 더많은 정보를 문의해 올 것이다. 이러한 방식의 이점은 사람들을 설득하기보다는 사람들이 스스로 흥미를 갖고 정보에 대한 궁금증을 문의 할 수 있도록 하는 것이다. 결국 사람들은 당신이 물건을 판매하려고 한다는 생각을 갖지 않게 되고 따라서 방어적인 자세를 취하지 않게 된다. 이러한 전략은 친구의 우정을 이용해 물건을 팔려 한다고 생각하는 친구들에게 특히 효과가 있다.

81. 사업의 시작을 쉽게 하라

사업을 쉽게 시작하기 원한다면 친구나 이웃을 당신의 집에 초대하여 설명회를 가져라. 괜찮다면 당신이 직접 프리젠테이션을 하라. 그렇지 않다면 업라인에게 프리젠테이션을 부탁하고 당신은 옆에서 지켜보면서 출발을 준비하라. 아니면 회사나 그룹 사업장에서 설명회를 가져도 된다. (집이나 사업장은 상황에 따라 선택할 수 있다.)

82. 너무 많은 편견을 가지지 마라.

사업 설명회에 초청할 때는 부정적인 반응이 크지 않은 사람들을 초청하라. 또한 직장이나 가정, 스포츠, 친목회 등의 모임에서 책임있게 열심히 생활하며 어느 정도 성공을 이룬 사람들이면 더욱 좋다. 남에게 의존하는 사람이 이 사업의 주요 대상으로 생각하기 쉬운데 반드시 옳은 것은 아니다. 그들은 대부분 사업에 관심을 보이지 않는다. 단순히 필요로 하는 것을 추구하는 사람보다는 더 많은 것을 얻고자 하는 사람을 찾아라. 그러나 미리 편견을 가질 필요는 없다. 왜냐 하면 기대하지 않던 사람이 큰 보석이 될 수도 있기 때문이다.

83. 예상고객을 모임에 초대하라.

아래 가이드라인에 따라 예상고객을 모임에 초대한다면 성공 가능성을 높일 수 있다.

며칠 전에 예상고객과 약속을 했다면 전화를 걸어 확인을 한다. 그렇게 함으로써 상대방도 앞서 약속한 대로 모임에 참석할 가능성을 높일 수 있다. 가능하다면 예상고객을 차로 모임장소까지 안내하라. 이런 방법이 예상고객을 모임에 참석시키는 데 편리하다. 그렇지 않으면 모임 장소에서 만나자고 약속해 놓고도 모임에 나오지 않을 수 있다. 모임 장소에는 10분에서 15분 정도 일찍 도착하라. 그래야만 좋은 자리를 잡을 수 있고 예상고객을 다른 사람들에게 소개시켜 줄 수도 있다. 이렇게 함으로써 열정을 가지고 들을 수 있게 된다. 모임이 끝나고 예상고객에게 줄 수 있도록 디스트리뷰터 계약서와 자료집을 준비해 두어라. 그리고 모임이 끝나면 예상고객을 등록시켜라. 만약 예상고객이 생각할 시간을 필요로 한다면 하루나 이틀 뒤에 연락을 취해라.

84. 자신만의 프리젠테이션을 만들어라.

판에 박힌 상담을 해서 사람들로 하여금 이야기가 사전에 계획되어 연습된 것이거나 또는 원고를 읽고 있다고 생각하도록 만들어서는 안 된다. 이런 얘기는 거짓되게 들리고 사람들을 정말로 지겹게 만든다. 대신, 마음에서 우러나오는 얘기를 하라. 제품이 어떻게 자신에게 도움이 되었으며 다른 사람에게 어떤 혜택을 줄 수 있는지 설명하라.

예상고객에게 먼저 자신을 팔아라. 사람들이 당신의 제품이나 사업 기회에 대해 긍정적인 반응을 보이게 만들려면 우선 당신에 대해 좋은 인상을 갖도록 하는 것이 중요하다.

자신의 경우를 실례로 이야기하라. 당신이 어떻게 혜택을 받았으며 어떻게 성공하였는지 이야기하는 것이 다른 사람들을 설득할 수 있는 좋은 방법이다. 한 가지 방법은 사람들에게 제품을 사용함으로써 자신이 어떻게 변화되었는지, 또는 다른 사람들을 자신의 판매망에 얼마나 훌륭히 참여시켰는지를 이야기하는 것이다. 자신의 변화된 모습으로 입증을 하라. 예를 들어, 체중이 30파운드 줄었거나 새 차를 구입하였다면 사람들은 당신의 성공을 믿게 될 것이다. 그리고 방법을 묻기 시작할 것이다. 결국 자신의 모습이 이야기보다 설득력이 있다는 것이다.

85. 특징이 아니라 혜택을 설명하라.

고객의 관심을 끌려면 고객의 욕구에 맞는 제품의 혜택을 강조해야 한다. 제품이 어떻게, 왜 작용하는지를 설명하는 것이 아니라 제품 특징을 통해 얻게 되는 이점을 설명해야 한다. 제품의 기능이 아니라 혜택을 강조하라는 것이다.

예를 들어, 다이어트 제품을 판매한다면 예상고객에게 제품의 이점을 다음과 같이 말할 수 있다. "일 주일에 5파운드에서 10파운드까지 체중을 줄일 수 있습니다. 또한 필수 영양소를 모두 공급받을 수 있습니다. 본 성분에는 의사가 추천하는 필수 아미노산, 비타민, 미네랄이 모두 들어 있습니다."

"이 제품은 무슨 성분이 있어서 무슨 기능이 있고 무슨 작용을 합니다."라고 말하지 말라. 예를 들어, "본 제품에는 8개의 아미노산과 15개 비타민, 20개 미네랄이 함유되어 있음이 실험을 거쳐 입증되었습니다" 라고 말해서는 안 된다.

86. 예상고객이 사업에 참여한 후

예상고객에게 프리젠테이션을 끝내고 난 후, 그 프리젠테이션이 성공적이었다면 몇 가지 상황이 발생할 수 있다. 예상고객이 단순히 제품만을 구매할 수도 있고 또는 사업에 참여하여 디스트리뷰터 가격에 제품을 구입할 수도 있다. 예상고객이 결정을 내리도록 하라. 만약, 참여를 결정했다면 등록을 시키고 회사에 주문하는 방법을 알려준 다음, 문제가 있으면 당신에게 연락하도록 해라. 예상고객이 사업에 참여를 했다면 당신은 그 고객이 제품을 사용하기 바랄 것이다. 그때는 제품 주문방법을 알려준 다음 사업을 구축하는 방법에 대해 설명하라.

87. 원하는 것을 시각화할 수 있도록 도와줘라.

예상고객이 사업에 착수하면 우선 제품을 사용함으로써 행복해질 수 있다는 점을 시각화하라. 뛰어난 자동차 영업사원은 고객이 시험주행을 하기 위해 차에 오르면 이렇게 말한다. "잠깐만요, 이 차와 너무 잘 어울리십니다! 보실래요?" 그리고는 거울을 비춰준다. 고객은 스스로를 부유하고 행복하면서 동시에 성공한 새 차의 주인으로 생각하게 된다. 예를 들어, 다운라인이 다이어트 제품를 사용한다면 그가 얼마나 건강하고 멋지게 변할 것인가에 대해 시각화할 수 있도록 도와주어라.

88. 첫인상으로부터 시작된다.

제품을 판매하는 것은 자신을 판매하는 것으로 자신의 첫인상으로부터 일이 시작된다. 첫인상을 계속해서 유지하라. 예를 들어, 전문가다운 인상은 처음 만난 사람에게 신뢰감을 줄 수 있다. 성공한 사람의 모습으로 보이면 예상고객은 상대방이 무슨 일을 하든 성공하였기 때문에 잘할 것이라고 생각하게 된다. 따라서 '성공한 인상'을 주려면 옷을 멋지고 깔끔하게 입어야 하며 구두는 윤이 나게 닦아 신도록 한다. 또한 전문가다운 느낌을 줄 수 있도록 판매자료를 가죽 바인더나 케이스에 넣어 다니도록 한다.

또한 주변환경을 이용해 전문가로서 성공한 이미지를 강화시켜라. 예를 들면, 회의 장소는 멋지게 꾸며진 곳을 택하여 성공 이미지를 전달하도록 한다(초라한 커피숍은 금물이다). 또한 회의 장소에 차를 몰고 갈 때도 차를 통해 좋은 인상을 줄 수 있다.

89. 첫 인상은 지속된다.

당신의 다운라인이 그들의 다운라인에게 당신을 어떻게 소개하는지 신경을 써야 한다. 다른 사람에게 어떻게 소개되느냐에 따라 당신의 신뢰도를 높일 수 있으며 또한 앞으로 교육을 포함한 당신의 사업활동에 다운라인의 참여도를 높일 수 있다.

90. 부딪쳐 보지 않는 것은 기회 상실이다.

이 사업에서 어떤 목표를 이루기 위해서는 다른 사람들이 목표를 이룰 수 있도록 도와야 한다. 그러므로 부딪쳐 보지 않고 미리 판단해서는 안되는 것이다. 자신이 제공 할 수 있는 것이 무엇인지를 정확히 파악하고 자신을 믿어야 하며 이 사업이 상대방이 찾고 있던 바로 그 사업임을 확신 시켜야 한다.

91. 자신의 이야기(my story)

모든 사업자는 자신이 어떻게 이 사업에 참여하게 되었으며 어떻게 동기부여를 받았는지에 대한 나름대로의 이야기가 있다.

자신의 이야기가 다른 사업자들에게 감명을 주어야 한다. 또한 이 이야기는 실제 생활의 경험에서 나온 것으로 다른 예상고객도 이 이야기를 자신의 경우와 관련지을 수 있어야 한다. 당신의 이야기가 평범한 것이지만 실제 이야기라면 다른 사람들에게 효과적으로 확신을 심어줄 수 있다.

NETWORK
MARKE Step 4
거절을 처리하는 방법
TING
201
IDEA

92. 거절은 곧 기회를 뜻한다.

판매업계에서 '거절'이라는 과정이 생략된 '세일즈의 성공'은 없다. 리크루팅 활동 역시 세일즈의 범주에 속하는 것으로 당연히 거절이라는 현실에 부딪칠 수 밖에 없다. 문제는 경험이 없는 사람들은 늘 거절당하는 것에 대한 두려움을 갖는다는 점이다. 그렇지만 거절이 행운이나 기회로 연결될 수 있다는 사실을 이해하게 되면 두려움은 사라질 것이다. 대부분의 거절은 두 가지로 나눌 수 있는데, 첫째는 질문의 한 형태로써 예상고객이 만족스러운 대답을 듣고자 하는 경우이고, 둘째는 결정을 미루기 위한 핑계이다. 이러한 점들을 정확히 이해하게 된다면 거절에 대한 두려움은 자신감으로 변할 수 있다. 이것은 곧 '거절은 기회다'라는 말이 사실이 되는 것이다.

93. 이렇게 성공 확률을 높여라.

거절에서 가장 흔한 경우는 모임 초대를 거절하는 것이다.

그러나 SW, SW, SW, SW (앞 55번) 원리를 적용하면 어려운 상황을 벗어날 수 있다. 초대하는 사람 100명 중 많아야 5명 정도가 적극적 사업 참여자(A형)가 될 것이다. 나머지는 B형이나 C형 또는 D형에 속한다. 따라서 이 사업은 숫자 게임이므로 다음의 4가지 사항을 기억해 두어야 한다.

- 이 사업을 일이라고 생각하지 말고 즐겨라. 다른 사람과 정보를 공유할 수 있는 최고의 기회라고 생각하는 것이다. 그러면 이러한 기회를 거절

하는 사람에게 문제가 있는 것이다. 만약 상대방이 이 기회를 받아들이지 않는다면 단지 새 친구를 사귄 것으로 여겨라. 이는 사업을 받아드릴 타이밍이 맞지 않았기 때문이다.

- 거절을 처리할 수 있는 최상의 방법을 배워라. 그러면 성공률을 높일 수 있다.
- 기회를 함께 나눌 수 있는 사람들의 숫자를 증가시켜라.
- 상대방에게 적합한 기회를 제공할 수 있도록 자신의 능력을 개발시켜라.

사람들이 정말로 네트워크 마케팅에 대해 이해하게 된다면 이 일을 거절할 이유가 없다고들 말한다. 그러나 불행히도 대부분의 사람들은 이 사업을 진정으로 이해하지 못하며 또한 이해하고자 노력도 하지 않는다.

94. 거절은 곧 기회가 된다.

거절을 통해서 예상고객이 우려하고 있는 것이 무엇인지 알 수 있는 기회가 된다. 만약 상대방이 이 사업기회가 자신에게는 '맞지 않다' 라고만 이야기하고 그외 다른 이유를 말하지 않을 경우에는 더 안 좋은 상황이 된다. 그렇게 되면 거절을 처리할 방법이 없게 되며 결국 계속해서 거절 이유를 알아내기 위해 노력하는 수밖에 없다.

그럴 때에는 거절의 이유가 될만한 것을 예상고객에게 제시해 보아라. "어떤 사람들은 이 사업이 피라미드 사업이 아닐까 우려하는데 선생님의 생각도 그렇습니까?

만약 그렇다면 이 사업과 피라미드 사업의 차이점을 말씀드리지요."

또 다른 방법은 상대방에게 이 사업기회의 전망을 어떻게 생각하는지 물어보고 잘못 생각하고 있는 부분을 시정해 주도록 한다. "제가 이 사업을 소개했을 때, 어떤 생각이 드셨습니까?

제가 처음 네트워크 마케팅에 대해 이야기를 들었을 때는 집집마다 찾아다니며 샴푸를 팔러 다니는 일로 생각했었습니다. 그래서 저는 즉각적으로 "이 일은 내가 원하는 일이 아니다"라고 생각했지요. 선생님도 이런 경우이십니까?"

여기서 중요한 것은 상대방을 편안하게 해주어 우려하는 바를 당신에게 이야기할 수 있도록 만드는 것이다.

95. 실제로 원하는 것을 알아내라.

예상고객의 말을 주의 깊게 듣다보면 원하는 바를 파악할 수 있다. 가령 특별히 염려하는 부분이 없는 것이면 그의 목소리에는 거절의 의사가 담겨있지 않을 것이다. 따라서 고객의 말은 그가 실제로 무엇을 원하고 있는지 알아낼 수 있는 단서를 내포하고 있다. 다음으로 고객이 필요로 하는 것을 알았다면 마케팅 플랜에 대한 설명을 시작할 수 있다. 거절은 플랜의 설명이나 판매를 성공적으로 끝마치기 위해서는 당연히 거쳐야 하는 단계로 받아 들여야 한다. 결국 리크루팅 행위를 하는데 있어 가장 먼저 해야할 일은 상대방이 필요로 하는 것이 무엇인가를 파악하는 것이다. 필요로 한 것은? 꿈은? 목표는? 이 모든 것이 파악되었다면 다음에는 상대방이 그것들을 얻을 수 있는 방법을 제시할 수 있어야 한다.

96. 상황은 100일마다 바뀐다.

예상고객이 오늘 거절했다고 해서 평생 거절할 것이라고 생각하지 마라. 이것은 모두 타이밍에 달려 있다. 예상고객이 거절을 한다면 그것은 '지금'은 적합한 시기가 아니라고 말하는 것이다. 이때는 가능성의 문을 열어 두는 것이 중요하다. 화가 나서 영원히 문을 닫아 버려서는 안 된다. 대신, 다음과 같이 말하라. "시간을 내주셔서 감사합니다. 저는 여전히 귀하를 이 사업에 모시고 싶습니다. 좀더 알고 싶은 사항이 있으시다면 제게 연락을 해 주시겠습니까?" 예상고객의 약속을 받아라. 그리고 정기적으로 100일마다 전화를 해라. 그러면 이 사업에 대한 사람들의 관심이 시간이 흘러감에 따라 "절대로 없다"에서 "아, 말씀하셨던 것을 기억합니다."로 변화하는 것을 보게 될 것이다. 중요한 것은 상대방이 당신에게 전화를 쉽게 걸 수 있는 분위기를 만들어 장애물이 될 수 있는 그의 자존심을 다치지 않도록 하는 것이 중요하다.

97. 처음에는 침묵이 금이다

　절대로 신규 사업자가 제대로 교육도 받지 않고 고객모집 전화를 하도록 내버려두어서는 안 된다. 이들 신규 사업자들은 거절당할 것을 예상할 줄 알아야 하며 거절을 처리하는 방법도 교육받아야 한다. 신규 사업자가 몇 번 거절을 당하고 나면 자존심과 믿음은 모조리 망가지고 만다. 최악의 거절은 자신의 배우자로부터의 거절이다. 따라서 최상의 방법은 신규 사업자가 적절하게 교육을 받기 전까지는 아무에게나 사업에 대해 이야기하지 못하도록 해야 한다.

98. 저는 사업할 돈이 없어요.

　예상 답변 | "돈이 없기 때문에 이 사업을 생각하실 수가 있습니다. 다른 사업에는 자본금이 필요합니다. 그러나 이 사업에서는 자본금이 필요 없습니다. 이 사업을 시작하는 데는 활동비, 정확하게 ○○○ 원 정도만

있으면 됩니다. 나머지는 성공하고자 하는 남다른 열정과 사업에 시간을 투자하겠다는 의지입니다."

99. 저는 판매에 자신이 없습니다.

예상 답변 1 | "처음 제가 이 사업에 대해 이야기를 들었을 때는 집집마다 찾아다니며 세제를 팔러 다니는 일로 생각했었습니다. 적어도 과거에 제게는 그렇게 보였습니다. 그러나 선생님께서 생각하시는 것처럼 판매를 하는 것은 아닙니다. 우리가 하는 일은 개인적으로 사용하고 있는 좋아하는 제품에 대한 정보를 알려주는 일입니다."

예상 답변 2 | "저도 물건을 판매할 줄 모릅니다. 대신 비디오와 오디오 카세트가 있어서 우리를 대신해서 제품을 설명해주고 사람들의 구매를 독려해 줍니다."

예상 답변 3 | "이렇게 묻고 싶습니다. 만약 좋은 영화를 보게 되면 친구에게 이야기해 주십니까? 마음에 드는 제품을 우연히 발견했어도 똑같이 하시겠습니까? 우리가 좋아하는 제품에 대해 이야기를 전달하는 것도 이와 마찬가지입니다. 이렇게 본다면 이것은 판매가 아닙니다. 이것은 구전을 통한 광고입니다.

100. 이 사업을 하기에는 시간이 없어요

예상 답변 1 | "선생님의 생각을 이해합니다. 저도 그렇게 생각했었습니다. 그러나 중요한 일이라면 없는 시간도 만들어 낼 수 있다는 것을 깨달았습니다. 또한 선생님과 같은 분들에게 수없이 이야기를 하는 동안 대부분의 경우, 추가 수입원을 찾기 위해서는 시간이 필요하다는 것도 알았습니다."

예상 답변 2 | "흥미로운 사실은 선생님과 같은 많은 분들이 대부분의 시간을 직장에서 보내면서 한편으로는 자신만의 일을 갖고 싶어합니다. 그러나 대부분은 아무 것도 해 보지 못하고 끝나버린다는 것입니다. 따라서 제 판단으로는 시간이 없다는 말은 직장의 사장을 위해 일하느라 바쁘기 때문에 자신을 위한 시간이 없다는 것으로 생각됩니다."

101. 저는 아는 사람이 없습니다

예상 답변 | "물론 그렇게 생각하실 수 있습니다. 저도 처음 시작할 때에는 누가 이 사업을 할 수 있을지 도무지 알 수가 없었습니다. 그래서 저에게는 대상 고객이 없다고 생각했습니다. 하지만 지금은 대상 고객이 이렇게 많은지 꿈에도 몰랐습니다. 왜냐하면 이 세상 모든 사람들이 매일 매일 생활용품을 소비하고 있으며 너무도 많은 사람들이 경제적인 자유를 원하고 있습니다. 좀더 쉽게 생각하시면 많은 사람들을 떠올릴 수

있을 겁니다. 어떤 연구 조사에 따르면 사람들은 평균적으로 200여 명과 개인적인 친분관계를 가지고 있다고 합니다. 아마 고객님도 비슷할 거라 생각 됩니다. 대부분 많은 사람들과 안면이 있지만 단지 평소에 그들과 접촉하지 못했기 때문입니다. 아직도 늦지 않았습니다. 지금부터 시작 하시면 됩니다.

102. 집사람과 상의해 보겠습니다

예상 답변 | "그렇게 하십시오. 그러나 한 가지 알려드릴 것은 많은 부부들이 함께 이 사업을 하면서 즐거움과 성취감을 느끼고 있다는 것입니다. 따라서 좀더 자세히 말씀드리자면…"

또는 | "선생님의 사모님과 이야기를 해보고 싶습니다. 언제가 좋을까요? 그런데 선생님은 사모님께서 왜 이 사업에 흥미가 있을 것이라고 생각하십니까?"

103. 남편에게 물어보겠습니다

예상 답변 | "예 그렇게 하시지요. 그리고 저도 사모님의 부군을 만나 뵙고 사모님께서 답변 못하시는 부분에 대해 제가 말씀을 드리면 어떨까 생각합니다만, 언제가 좋겠습니까?"

104. 사람을 모집하는 일이 어렵습니다.

예상 답변 | "물론 그렇게 생각하실 수도 있습니다. 저도 처음 이 사업을 시작할 때는 사람을 많이 모아야 하는 것이 부담스러웠습니다. 그러나 이 사업의 마케팅에서 두 배의 효과를 알게 되었습니다. 설명을 하자면 한 달에 한 사람을 모집하는 것이 어렵습니끼? 만약 한 명을 모집하고 선생님이 모집한 사람들이 다시 모집을 한다면 그 해 말 몇 명을 모집할 수 있겠습니까?" 결국 기하급수적인 시스템이 되는 것입니다.

또는 | "만약 이 사업을 회원모집이라고 생각하신다면 부담스러우실 수 있습니다. 그러나 이 사업은 좋아하는 제품에 대한 정보를 알려주고 사업기회를 전달해서 부수입을 벌 수 있도록 도와주는 것이라고 생각한다면 부담스러울 것이 없습니다."

105. 저는 관심이 없습니다.

예상 답변 | "솔직하게 말씀해 주셔서 감사합니다. 대부분의 사람들은 여가 시간을 활용하여 부수입을 버는 것에 관심을 가지고 있지만 어떤 사람들은 몇 가지를 우려해서 이 사업에 관심을 갖지 않는 경우도 있습니다. 선생님의 생각을 알고 싶습니다. 구체적으로 우려하고 계신 것이 무엇입니까?"

106. 시장이 이미 포화상태가 아닙니까?

예상 답변 | "절대로 그렇지 않습니다. 본 산업은 포화 상태와는 거리가 멉니다. 예를 들어, 시장이 화장품 등을 판매하는 소매점 등으로 인해 이미 포화상태라고 생각하실 수 있겠지만 여전히 새로운 소매업자가 문을 열고 새로운 상표의 화장품이 계속해서 선보이고 있습니다."

또는 | "절대로 그렇지 않습니다. 아시는 친구 분 중에서 실제로 이 사업을 하고 계신 분이 얼마나 됩니까? 그렇게 많이들 하고 계신가요?"

107. 지금보다 더 많은 일 때문에 힘들고 싶지 않습니다

예상 답변 | "저는 개인적으로 사람들이 힘들게 일해야 한다고 생각하지 않습니다. 도리어 현명하게 일해야 한다고 생각합니다. 그래서 이 사업을 선생님께 소개하는 것입니다."

또는 | "그것 때문에 저는 이 사업에 참여했습니다. 저는 이 마케팅을 통해서 저의 시간을 활용하여 부를 창출하면서도 힘들게 일할 필요가 없다는 것을 알게 되었습니다. 제가 그 방법을 알려드리지요…"

108. 전에도 해보았으나 제게는 맞지 않습니다

예상 답변 | "유감이군요. 그렇다면 선생님의 경험을 통해 배우고 싶은 것이 있습니다. 무엇이 잘못 되었다고 생각하십니까? (상대방이 자신의 이야기를 하도록 유도한다.) 얘기를 해주셔서 감사합니다. 선생님이 걱정하고 계신 부분이 무엇인지 알겠습니다. 그렇다면 선생님께 지금 걱정하고 계신 일이 어떻게 해서 이 사업에서는 일어나지 않을 것인지. 또는 문제가 되지 않을 것인지에 대해 설명해 드리겠습니다…"

또는 | "질문을 하면 제게 솔직한 답변을 해주시겠습니까? 만약 선생님께서 다리를 건조하는 엔지니어인데 선생님이 건설한 첫 번째 다리가 붕괴되었다고 가정하죠. 그렇다면 선생님께서는 이 일은 자신에게 잘 맞지 않으니까 다시는 다리를 건설하지 않겠다고 말씀하시겠습니까? 무엇이 잘못되었나 점검하고 다시는 같은 실수를 반복하지 않도록 하지 않겠습니까?"

109. 4가지 정신적 장애물

이 업계의 유명한 사업가, 마크 야넬은 예상고객을 모집하면서 가질 수 있는 부정적인 요소를 잘 지적하고 있다. 본인이 연락을 취한 200명 중 80명은 본인과 만나려고 하지 않을 것이다(거절). 만나겠다고 대답한 120명 중 오직 70명만이 나타날 것이다(기만). 나타난 사람 중 13명만이 사업자가 될 것이다. 57명은 관심이 아예 없었거나 그냥 가버리고 말 것이다(무관심). 사업에 참여한 13명 중 오직 한 사람만이 남아 돈을 벌게 되고 나머지 12명은 시간이 지나면 중도하차 하게 될 것이다(감소). 이 사업에서 성공하려면 바로 이러한 4가지 정신적 장애물 : 거절, 기만, 무관심, 감소에 대비해야 한다.

110. 생각하고 있는 것이 현실로 나타난다

어떤 사업자는 거절 당하는 것을 너무 두려워하는데 이런 사람들은 결국 너무 많은 거절을 당하고 나서 주저앉고 만다. 이것은 자신의 머리 속에 담겨 있는 것들이 바디 랭귀지를 통해 현실로 나타나기 때문이다. 자신감이 없는 말과 행동은 예상고객에게 더많은 의심을 하게 만드는 결과만 초래하게 된다.

앞에서 이야기한 것과 같이 거절당하는 것은 곧 기회가 된다.

거절을 당함으로써 문제점을 해결하는 방법을 배워라.

거절을 당했다고 해서 세상이 끝난 것처럼 생각하는 것은 바보나 하는 짓이다.

NET
WORK
MARKE Step 5
TING 성공을 위한
개발 및 교육
201
IDEA

111. 디스트리뷰터를 분류하라

거대한 네트워크를 성공적으로 구축하려면 디스트리뷰터를 분류하는 일이 급선무이다. 자신의 성공은 각기 다른 디스트리뷰터에 맞추어 그에 합당한 시간을 할애할 수 있는 능력에 달려 있다. 많은 사람들이 사업에 잠재력이 있다는 환상을 심어주는 디스트리뷰터에게 시간을 모두 소진해 버린다. 그러나 이러한 디스트리뷰터들이 실제로 사업에 참여하는 지는 의문이다. 어쩌면 모임에 참가하겠다고 해놓고서 모임 장소에 나타나지 않는 디스트리뷰터를 기다리다가 본인의 시간만 낭비하는 결과를 초래하게 된다.

112. A형 - 시간과 관심을 기울여야할 사람들

이 부류에 속하는 사람들은 사업을 하고자 하는 의도를 가지고 등록을 하고 실제로 실천으로 옮긴다. 이 그룹에 속한 사람들이 가장 바람직하다고 할 수 있으며 이들에게는 당신의 시간과 관심을 기울여야 한다. 즉, 이들이 빨리 정상궤도에 진입하여 가능한 빠른 시일 내에 성과를 맺음으로써 지속적으로 동기를 부여받을 수 있도록 도와야 한다.

113. B형 - 많은 시간을 낭비하게 하는 사람들

이 부류의 사람들은 사업을 하고자 하는 의도를 가지고 등록을 하지만 정작 실천에 옮기지 못하는 사람들이다.

이 그룹에 속한 사람들 때문에 가장 많은 시간을 낭비하게 되는데 이유는 이들이 A형의 태도를 취하고 있기 때문에 이들이 사업을 시작하도록 노력하는 데 많은 시간이 허비되기 때문이다. 이러한 유형의 사람들이 처음에는 본 사업에 큰 관심을 보이면서도 사업에 참여하지 못하는 데는 여러 가지 이유가 있다. 그 중 가장 큰 이유는 믿음이 확고하지 못하여 사업이나 제품에 대해 여전히 의구심을 가지고 있거나 또는 신뢰를 받지 못할까봐 두려워하고 있는 것이다. 따라서 이 그룹의 사람들을 가려내어 A그룹으로 보내거나 C그룹으로 분류시켜야 한다.

114. C형 – 소비자 회원

이 그룹의 사람들은 등록을 하여 도매가로 제품을 구입하는 소비자 그룹이다.

이들은 충실한 소비자로서 당신의 조직에서 매우 중요한 사람들이다. 제품에 만족을 느낀 소비자가 결국에는 사업에 참여할 수 있으므로 계속 이들과 연락을 취하면서 모든 사업 모임 일정을 알려주어야 한다. 그러면 언젠가는 놀랍게도 이들이 사업에 참여하는 날이 있을 수 있다.

이들을 관리하는 일은 어렵지 않다. 정기적으로 제품에 대한 정보, 특히 신제품에 대한 정보를 제공하여 당신 조직 내에서 이들의 가치를 높일 수 있도록 해야 한다. 즉 시간이 흐를수록 이들 그룹이 제품 사용을 늘리도록 하는 것이 목표이다.

115. D형 – 사업에서 배제해야 할 사람들

이 그룹은 당신의 사업을 망치기 위해 등록한 사람들이다.

이 사람들이 실제로는 사업을 할 마음이 없다는 사실을 깨닫지 못한다면 이들을 따라다니느라 시간만 낭비할 따름이다.

D그룹의 사람들은 당신의 사업에서 배제시켜라.

116. A형과 B형을 구별하기

그렇다면 A형과 B형을 구별하는 방법에 대해 궁금할 것이다.

A형의 가면을 쓰고 있는 B형을 찾아내는 방법은 질문을 해 보는 것이다. 이렇게 물어 볼 수 있다. "존, 사업을 구축하고 싶어하는 것으로 알고있습니다. 따라서 제가 시간을 내어 당신을 돕고 싶습니다. 대신에, 확고한 약속을 하나 받고 싶습니다. 앞으로 6개월 간 한 달에 최소한 36시간을 사업에 할애할 수 있습니까?" 만약 상대방이 거절을 한다면 이 사람은 B그룹으로 확실한 약속을 하기 전까지는 소비자 그룹에 분류시키는 것이 좋을 것이다.

117. B형을 A형으로 전환시키기

어떻게 하면 주저하면서 사업을 선뜻 시작 못 하는 사람들을 동기부여시킬 것인가? 즉, 어떻게 B형을 A형으로 전환시킬 것인가? 한 가지 효과적인 방법은 그 사람의 주변에 A형의 사람들을 모아 놓는 것이다. 적극적이고 열정적이면서도 특히 비슷한 배경을 가진 A형의 사람들을 소개시켜주어 마술의 힘을 발휘하게 하는 것이다.

118. A형 키우기

A형의 사람을 A그룹으로 지속시키기 위해서는 그 사업자를 성장시켜야 한다. 이때에는 지속적인 커뮤니케이션이 중요하다. 특히 첫 달에는 더욱 그렇다. 이 시기는 초기 사업자 형성기이므로 부정적인 요소나 어려움에 직면하게 된다. 따라서 초기 사업자가 주저앉을 때는 옆에서 그를 지탱해 주어야 한다. 이 사업은 인간관계 사업이므로 가장 중요한 포인트는 A형 그룹과의 관계를 유지하는 것이다.

119. 80의 성과를 주는 20%에 집중하라.

80-20 규칙을 실천하라. 당신 시간의 80%를 당신에게 80%의 성과(또는 수입)를 가져다 줄 수 있는 20%의 사업자에게 할애하도록 하라.

이 업계는 실천은 없고 말만 무성한 사람들이 많다. 마케팅 사업 경력

자와 학술 전문가 등 많은 사람들이 과거에 자신의 화려했던 경력을 자랑하면서 어떤 일을 할 수 있었고 어떤 일을 해야 했었다고 말할 수는 있지만, 정작 가장 중요한 일 - 즉 모집을 할 준비도 되어 있지 않고 하고자 하는 의지도 없다는 것이 문제이다.

120. 될성부른 나무를 점찍어라

성공한 사업자들이 가장 후회하는 점은 적합하지 않은 사람에게 너무 많은 시간을 허비한 것이다.

어떤 사람들은 본인이 아무리 노력해도 사업을 하지 못한다는 사실을 인정할 필요가 있다. 설령, 등록을 해서 사업에 참여한 경우라도 이런 사람들은 이 사업에서 성공을 거두지 못한다. 따라서 뒤로 한 발 물러서서 운명에 맡겨야 할 때를 배워야 한다.

될성부른 나무는 떡잎부터 알아본다는 말이 있듯이 승자를 점찍을 줄 알아야 한다. 그렇지 않으면 황소를 사다리로 밀어 올리는 것과 같이 헛수고만 하게 될 것이다.

121. 교육은 성공의 기초다. 간단하고 쉽게 따라 하게 해라

교육은 성공적인 네트워크의 기초이다. 아무리 회사가 디스트리뷰터 교육을 제공한다고 하더라도 이를 우연한 기회에 맡겨 놓아서는 안 된다. 교육은 명확한 지침을 가지고 디스트리뷰터가 따라할 수 있도록 이루어져야 하며 직속 후원자가 개인적으로 지도를 해주어야 한다. 교육은 또한 강의 방식으로 제한되어 있어서는 안 된다. 강의 형식도 중요하지만 더 중요한 것은 1 대 1 코칭 과정이다. 코칭은 효과적일 뿐만 아니라 디스트리뷰터가 더 쉽게 따라할 수 있다. 강의 방식 이외에도 교육용 오디오와 비디오 테이프, 교육 매뉴얼 및 전화 코칭, 1 대 1 또는 3자 통화, 화상회의 등과 같은 다른 방식을 사용하는 것도 중요하다. 다시 말해서, 중요한 것은 교육을 간단하고 쉽게 따라할 수 있도록 만들어야 한다는 것이다.

122. 코칭과 질문을 통해 학습하라.

교육이 척추라면 코칭은 척수이다. 가장 간단한 형태의 코칭을 통해 다운라인이 사업을 배울 수 있도록 도울 수 있다. 이 과정은 고객모집 전화(2 대 1 전화) 또는 목표 설정 과정이 끝난 이후에 열리는 보고 과정의 형식으로 이루어질 수 있다. 많은 사람들이 이러한 현장 교육의 중요성을 인식하고 있지만 이 경우, 학습의 기회를 극대화할 수 없게 된다. 따라서 리더들은 디스트리뷰터에게 적절한 질문을 해서, 그들이 경험을 통해 학습한 것을 모두 이끌어 낼 수 있도록 유도해야 한다. 다음과 같은 질문을 할 수 있다.

- 무엇이 잘 되었고 여기서 무엇을 배웠습니까?
- 무엇이 잘못 되었고 어떤 점을 더 잘 할 수 있었습니까?

- 다시 한번 한다면 어떤 점을 다르게 시도해 보겠습니까?

- 만약 상대방이 이것저것을 해본 경험이 있다면 당신은 이런 사람을 어떻게 다루시겠습니까?

- 오늘 배운 학습내용을 요약해 보시겠습니까?

　당신이 다운라인에게 전화하는 일을 잊어버렸든 다운라인과 함께 목표 세우는 기간을 놓쳤든 상관없이 리더라면 정기적으로 코칭 기간을 운영해야 한다. 이 기간을 검토, 전략 또는 기획 회의라고 할 수 있으며 이 기간 동안에는 코칭 과정이 포함되어야 할 필요가 있다. 이러한 과정이 지속적인 학습의 일부가 될 수 있다.

123. 학습 문화를 육성하는 법

더욱 심화된 훈련과정이 학습이다. 훈련이란 본인이 다른 사람에 대해 실시하는 것이라면 학습은 본인 스스로에 대해 실시하는 것이다. 이렇게 생각한다면 다른 사람을 학습하게 만드는 것은 불가능하다. 결국 모든 학습이란 스스로 배우는 것이다. 따라서 자신의 네트워크에서 학습 문화를 육성함으로써 더 많은 결실을 거두는 것과 동시에 시간 소비를 줄일 수 있다. 다음 방법을 통해 학습문화를 육성하라.

a) 업계의 변화를 수용할 수 있도록 새로운 아이디어 학습의 중요성을 강조하라.

b) 리더들끼리 아이디어와 학습경험을 교환할 수 있도록 하라.

c) 디스트리뷰터들이 질문을 하도록 가르쳐라. 디스트리뷰터들의 의문점이 무엇인지 물어보거나 세션이 끝나면 질문을 하도록 요청을 하라.
예) "이번 세션을 듣고서 다음 번에 질문하고 싶은 질문을 최소한 두 가지 정도는 준비해 두십시오."

d) 다운라인에게 흥미로운 기사나 자료를 나누어 주어라. 또한 추천도서 목록을 제공하라.

e) 예를 들어, 책을 읽고 의견을 교환할 수 있는 모임을 조직하라. 각 팀마다 읽어야 할 할당량을 나누어 주고 다음 형식에 맞추어 프리젠테이션 세션을 가져라.

f) 학습요지는 무엇인가?

g) 응용할 수 있는 학습요지는 무엇이며 어떻게 응용할 것인가?

124. 포커스 -그룹을 폭넓게 조직하는 것보다 깊게 조직하라

혼자서 전세계 인구를 모두 등록시킬 수는 없다. 대신, 몇 명과 작업을 하여 이들이 그룹을 형성할 수 있도록 하면 된다. 인원은 5명에서 10명이면 적당하다. 그룹은 폭넓게 조직하는 것보다는 깊이 있게 조직하는 것이 좋다. 중요한 것은 몇 명의 사람을 교육하여 당신이 하는 일을 할 수 있도록 만드는 것이다.

125. 책을 통한 교육과 교육자를 육성하라

교육에 많은 돈을 쓰지 않으면서 효과적으로 교육할 수 있는 방법은 책을 통한 교육이다. 의무적으로 책을 읽도록 추천도서 목록을 만들고 정기적으로 독서 토론회를 개최하라. 그리고 교육 세션을 운영할 때는 강의 개요를 보관해 두었다가 다운라인들이 이용할 수 있도록 하여 똑같은 프리젠테이션을 가능한 빨리 운영 수 있다는 점을 강조하라. 가능하다면 자신의 교육 후임자를 지정해 두는 것이 좋다.

126. 세 가지 교육 분야

교육은 태도, 기술, 지식, 세 가지 분야로 나눌 수 있는데, 각 분야의 교육량은 시간에 따라 잘 분배해 두어야 한다. 또한 다음과 같이 달리 구분할 수도 있다. 초보, 리더십, 스타를 향하여. 즉, 교육 포커스의 형태와 분야는 각 단계별로 달라질 수 있다.

127. 초기 사업자 교육은 대부분 지식 전달이다.

신규 사업자는 제품에 대한 충분한 지식을 가지고 있어야 하고 친분이 있는 사람들에게 사업을 설명할 수 있는 방법을 배워야 한다. 신규 사업자는 이러한 교육단계를 통해 사업 전망을 할 수 있게 되고 처음 거절을 당했을 때, 이를 처리하는 방법에 대해 배울 수 있다. 이 시점에서 각자 자신의 목표를 세워야 한다.

신규 사업자를 위한 커리큘럼은 다음과 같다.
a) 업라인과의 1 대 1 코칭 세션으로, 이때에는 목표 세우기, 제품에 대한 전망 및 마케팅 플랜에 대해 공부를 하게 된다. 또한 예상고객 명단을 만들어 볼 수 있다.

b) 사업설명회를 가진다. 이미 전에 한 번 참석을 했을 수도 있겠지만 이번
   에는 최소한 두 가지 이상의 목적이 있다. 하나는 반복학습이고 또 하나
   는 자신의 예상고객을 사업설명회에 초대하는 것이다.

c) 제품 사용 교육

d) 신규 디스트리뷰터의 오리엔테이션 - 이 기간에는 시장에 나가 사업을
   할 수 있는 시스템과 정신자세로 사업자를 무장시킨다. 첫 단계에는 예
   상고객을 모집하는 기술이 가장 필요하다.

128. 리더십 교육

이 교육단계에서는 리더가 될 수 있도록 다운라인을 준비시키는 단계
로 다운라인에게 필요한 기술을 제공한다. 정기적인 코칭 과정과 학습
세션 이외에도 다음 분야의 교육이 필요하다.

- 거절을 극복하는 방법
- 홈 프리젠테이션을 운영하는 방법
- 사업장 프리젠테이션을 운영하는 방법
- 2 대 1로 판촉 전화하는 방법
- 제품 프리젠테이션을 하는 방법

129. 스타를 향한 교육(최고급 과정)

교육의 최고급 과정으로 이 단계에서는 닭을 독수리로 변화시키는 교

육을 한다.

이 단계에서는 신병훈련소 같이 강도 높은 교육을 행함으로써 현재 리더들이 안고 있는 과도한 부담을 제거할 수 있도록 해야 한다. 이러한 부담으로 인해 리더들은 '정상에서 최후의 일격'을 가하지 못 하고 주저 앉을 수 있기 때문이다.

130. 다른 사람들의 성공 만들기

어떻게 하면 다른 사람들이 성공할 수 있도록 할 것인가?

우선, 본인이 성공해야 하고 그 다음 다른 사람들도 당신과 함께 성공 할 수 있도록 만들어야 한다. 다음의 교육 과정을 실시하라.

- 사람들이 꿈을 가지게 만들어라.
- 꿈이 실현 가능하다는 것을 믿게 만들어라.
- 성공을 계획할 수 있도록 도와주어라.
- 항상 용기를 주어라.

131. 꿈을 가지게 동기부여 하라

다운라인에게 동기를 부여하여 확신을 갖고 이 사업에 참여할 수 있 도록 하라. 만약 확신을 갖지 못 하면 또 다른 동기를 부여해 주어라. 예 를 들면, 돈을 벌고 전세계를 여행하면서 친구를 만들 수 있는 기회 등이 동기가 될 수 있다. 다운라인이 이 사업에 대해 동기를 부여받으면 이 동기를 더욱 강화시켜 열정으로 만들어라.

132. 꿈이 실현 가능하다는 것을 믿게 만들어라

무슨 꿈이든 이룰 수 있다는 확신을 심어주어라. 성공한 사람들의 사례를 들려주고 상대방의 꿈에 대해 당신의 진지한 개인적 믿음을 보여주어라. 예를 들어, 연사가 되고 싶어 이 사업에 참여한 디스트리뷰터가 있다면 훌륭한 연사가 된 사업자의 이야기를 들려주어라. 더좋은 방법은 그 사업자의 훌륭한 연설 테이프를 주는 것이다.

133. 성공을 계획하도록 도와주어라

한 단계씩 성취해 나갈 수 있도록 실질적인 일정표를 제시하라. 많은 질문을 통해서 다운라인이 생각하고 계획 할 수 있도록 도와주어라. 이것은 다운라인의 계획이지 당신의 계획이 아니다. 따라서 당신의 역할은 그들이 해답을 찾을 수 있도록 도와주는 것이지 해답을 제공해 주는 것이 아니다.

134. 항상 용기를 주어라

사례를 보여주면서 용기를 주어라. 긍정적인 말과 행동으로 용기를 북돋아 주어라. 목표를 향해 한걸음 다가갈 때마다 축하를 해주어라.

135. 배우고 실천하고 가르쳐라

자기 학습 과정의 가장 간단한 형태는 배우고 실천하고 가르치는 것이다. 성공한 디스트리뷰터는 누구든지 선생님이 되어야 한다. 혹자는 이 사업은 교육 사업이라고 말한다. 모든 디스트리뷰터는 가능한 조속히 교육 사업에 참여하여 세상에 나가 교육을 할 수 있어야 한다. 그렇게 함으로써 다른 사람들을 가르칠 수 있게 되는 것이다.

136. 제품 교육 3단계

제품 교육은 교육 커리큘럼의 필수 과목이다. 다른 분야와 마찬가지로 교육량이나 깊이, 세부사항 등은 제품에 따라 다양하게 준비해야 한다. 첫 번째 교육에서는 제품에 대한 전반적인 소개와 제품 사용법을 전달한다. 두 번째 단계에서는 다운라인이 제품 정보를 잠재고객에게 설명할 수 있고 고객의 질문에 80% 정도는 답할 수 있도록 충분한 정보를 전달한다. 세 번째 단계에서는 교육 트레이너를 참여시켜 앞의 두 단계를 운영하도록 한다.

137. 기술을 이용하라

선진 기술시대에 네트워크 마케팅은 기술의 힘을 이용하여 사업적으로 거대한 잠재력을 최대화시켜야 한다.

인터넷과 e-메일에서부터 화상회의 및 최첨단 데이터 베이스 관리에 이르기까지 사업자는 이 기술들을 신속하게 배워야 한다.

당신의 디스트리뷰터와 e-메일로 통신하라. 그렇게 함으로써 다운라인들을 컴퓨터에 적응시키거나 또는 컴퓨터를 구입하도록 만들 수 있다. 심지어 컴퓨터를 업그레이드 시키도록 만들 수도 있다. 자신을 포함하여 다운라인을 안전지대에서 위험지대로 데리고 나와라. 만약 다운라인이 기계, 장치들로 인해 불안해 하면 조금씩 도움을 주어라. 아무도 감히 들어가 보지 않았던 지역을 탐험하여 최첨단 기술의 선두 주자가 되어야 한다.

'당신은 진정한 리더가 되어라.'

138. 교육자료 교환하기

더많은 자료가 필요한가? 일을 하다보면 많은 자료가 필요할 때가 있다. 자료를 구입하는 데, 돈을 들이기 이전에 회사의 탑 사업자에게 자료를 빌려줄 수 있는지 알아보아라. 그래도 필요한 자료가 없으면 파트너들과 의논하여 자료 구입비를 분담할 수도 있다.

139. 직접 만든 교육용 영화

일반적인 인식과는 달리 교육용 비디오를 제작하는 데는 돈이 많이 들지 않으며 지루하지도 않다. 사실, 분위기 전환을 위해 엉성한 기법이

더 나을 수도 있다. 특히 그 영화가 디스트리뷰터를 교육하고 있는 본인이 직접 만든 경우라면 더욱 그렇다. 시도해보라. 훨씬 재미있고 웃음을 자아낼 수 있다.

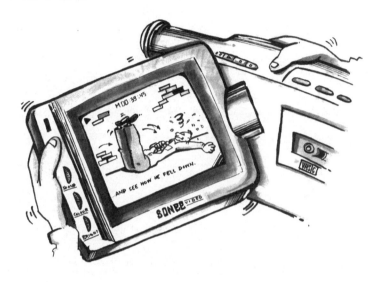

140. 오디오 테이프

효과가 있으면서 쉽게 따라할 수 있는 또다른 교육 방법은 오디오 테이프이다. 본인의 교육 세션을 녹음해 두었다가 세션에 참석하지 못한 사람들이 이용할 수 있도록 하라.

이때 녹음된 세션이 너무 길어서는 안 된다(최고 45분). 또한 가능하다면 전문적으로 녹음, 편집을 하도록 하라.

오디오 테이프를 준비할 때, 유의할 점은 사업기회의 일반적인 부분을 설명해야 한다는 것이다. 이렇게 하면 교육 도구로 사용할 수 있을 뿐

아니라 신규 다운라인 모집에도 사용할 수 있다. 쉽게 테이프를 만들 수 있는 또 다른 방법은 '암을 유발하는 화학물질에 대한 35가지 질문' 등과 같이 질의응답 형식의 테이프를 만드는 것이다.

141. 교육 테스트 (학습문화 구축)

모든 교육이 끝나면 다운라인에게 '무엇을 배웠습니까?' 라고질문하여 학습문화를 만들어 나아가야 한다.

다른 라인의 디스트리뷰터와 서로 학습 경험을 나누도록 하라. 자료를 주고 책과 테이프를 추천 해주어라.

교육 세션 전에 디스트리뷰터에게 시험을 볼 것이라고 말하라. 이렇게 해야만 디스트리뷰터들이 공부를 하게 되고 또한 교육 내용을 습득할 수 있게 된다.

NET
WORK
MARKE
TING
201
IDEA

Step 6

거대한 네트워크를
복제하고 구축하는 방법

142. 행동으로 모범 보이기

이 업계에서는 모범을 보여서 사업를 이끌어 나간 사례가 많다. 이것은 이 사업에서 불문율이다. 사업자는 능력이 있는 사람들이다. 단순히 이야기만 듣고서 행동에 옮기지는 않는다.

오로지 리더의 행동을 관찰하고(효과가 있을 때에만) 비로소 실천에 옮긴다. 내 자신이 리더이지만 스스로 실천하지 않고는 팀원에게 분주한 시장거리에서 사람들에게 사업설명회 초대장을 나누어주도록 만들 수는 없다. 이 사업을 이끌 수 있는 방법은 한 가지 밖에 없다. 맨앞에 서서 총알을 맞는 것이다.

143. 직원을 고용하여 운영 하기

이 사업을 운영하려면 일정 수준의 경영 기술이 필요하다. 필요하다면 직원을 고용하여 본인의 사업을 돕게 할 수도 있다. 마크 빅터 한센(Mark Victor Hansen)은 강연을 할 때마다 자신의 매니저를 데리고 다니면서 이사업을 확장시킨다. 본인의 네트워크 규모가 커지면 사업을 전적으로 도와줄 수 있는 사람을 고용하는 것도 생각해 볼만한 일이다.

144. 매스터마인드(master mind)

조직 내에 활성화된 리더들을 중심으로 매스터마인드 그룹을 만들어

라. 이 그룹의 목적은 서로를 도와 사업 성장을 도모하고 서로의 목표를 이루도록 격려하는 데 있다. 매스터마인드의 개념은 나폴레옹 힐의 저서 〈생각하고 부자가 되어라〉에서 얻은 것이다. 다음 주의 계획은 무엇인가? 무엇을 우려하고 있는가? 서로를 돕기 위해 무엇을 할 수 있나?

145. 매스터마인드 행동강령

게리 로버트(Gerry Robert)는 그의 교육 프로그램에서 매스터마인드에 대한 행동강령을 다음과 같이 설명하고 있다.

- 매스터마인드 그룹에 성심성의를 다한다.
- 받기보다는 주고자 노력한다.
- 남을 돕는 일에 보상을 바라지 않는다.
- 항상 긍정적으로 이야기하고 사고에 제한을 두지 않는다.
- 파트너를 존중하고 신뢰를 바탕으로 사업관계를 형성한다.
- 매스터마인드 파트너가 목표를 이룰 수 있도록 격려를 아끼지 않는다.
- 파트너와 상의한다. 파트너와 합의된 것만을 행동에 옮긴다.
- 성실하고 긍정적이며 열정적인 동시에 본인의 그룹에 100% 노력을 기울인다.

146. 스폰서십 – 재정적으로 후원할 때

네트워크를 구축하다 보면 당신이 모집한 디스트리뷰터 중에 잠재 가능성이 많지만 재정적인 문제 때문에 전적으로 이 사업을 할 수 없는 사람이 있을 수 있다. 이 사람이 필요한 만큼 충분한 보너스를 받기 전까지 재정적으로 후원을 하고 싶다면 두 가지 규칙을 유념해야 한다.

　a) 후원은 실적과 관련되어 있다는 것을 확실히 해 두어야 한다.

예를 들어, 재정적인 후원은 후원을 받고 있는 디스트리뷰터가 하루에 최소한 신제품을 두 가지씩 계속해서 공부해야 한다는 전제 조건에 한한다.

　b) 후원 기간은 정해져 있어야 한다. 끝없이 해줄 수는 없다. 이러한 후원을 하고 싶다면 후원 받을 디스트리뷰터를 관찰하는 것이 중요하다.

147. 투자 제안과 이윤 분배

사업을 확장하려면 두 가지 어려움이 따르게 된다. 더많은 시간을 할애해야 하고 다운라인에게 동등한 기회를 제공해 주어야 한다. 이 문제에는 한 가지 해결책이 있다.

당신의 중요 디스트리뷰터에게 트레이닝 센터에 투자를 하도록 제안을 하라. 그리고 투자의 대가로 고객 모집과 제품 판매에서 발생하는 이윤을 분배하는 것이다. 그러면 투자를 한 디스트리뷰터도 자신의 사업장이 생겨 사업에 더많은 동기를 부여받을 수 있다.

148. 비즈니스 여행에서 해야할 일

출장에서 무엇을 얻는가는 본인이 무엇을 추구하는가에 달려 있다. 목표를 놓치고 싶지 않다면 계획에 들어가 있지 않은 일에 정신을 빼앗겨서는 안 된다. 집을 떠나 여행을 할 때는 목적지에 살고 있는 사람들의 명단을 만들어 놓았다가 그들을 방문하도록 하라.

149. 회의에서 안건을 명확히 하라.

안건이 결정되어 있지 않거나 아예 안건이 없는 회의에 참석하려면 짜증이 날 수 있다. 최고의 회의란 안건이 명확하며 회의 목적이 뚜렷하고 시간이 한정되어 있어야 한다. 또한 사전에 안건을 통보하여 회의에 참석하는 사람들이 자신의 생각을 사전에 정리할 수 있는 시간을 가질 수 있게 해야 한다.

150. 무엇을 할 것인지 분명히 하라

사업의 주력 분야를 설정하라. 즉, 제품을 판매할 것인지 아니면 네트워크를 구축할 것인지 결정을 하고 동시에 매출액에 관심을 두어야 한다. 이 이야기는 상식적인 것이지만 많은 사람들이 이 원칙을 무시하고 디스트리뷰터 찾는 일에만 급급하여 대규모 그룹을 구축하는 데 전력을 다한다. 그러나 꾸준히 돈을 벌려면 매출액을 유지해야 한다. 보너스는 매출이 있을 때만 지급되기 때문이다. 그리고 나서 네트워크를 만들고 제품 마케팅과 홍보에 주력할 수 있는 디스트리뷰터를 찾아라. 제품 판매에 중점을 두는 이유는 본인이 개인적으로 제품을 판매하든 네트워크를 조직하여 판매하든 제품이 판매되어야 돈을 벌 수 있기 때문이다.

151. 독립 디스트리뷰터

다운라인 스스로 할 수 있는 일을 업라인에게 부탁하지 않도록 교육하라. 물론, 다운라인을 도와줄 수는 있지만 그들을 불구로 만들어서는 안 된다. 이 원칙은 다운라인이 등록을 하는 날부터 적용된다. 다운라인을 대신해 등록 신청서를 작성해 주지 말라. 스스로 작성할 수 있도록 해야 한다. 만약 다운라인이 신청서 작성에 어려움이 있다면 도움을 줄 수는 있다. 이 일이 사소해 보이지만 당신이 그렇게 하지 않으면 나쁜 습관을 키울 수 있다. 만약 당신이 없을 때, 당신의 다운라인이 자신의 다운라인을 등록시키고자 하는데 등록 방법을 모른다면 어떻게 할 것인가?

당신에게 전화를 할 것인가? 처음에 할 수 없는 일이 있으면 배우게 하라. 예상고객에게 설명하는 방법 등을 잘 코치해서 다운라인이 스스로 할 수 있을 뿐만 아니라 훗날 다른 사람에게 가르칠 수 있도록 교육하라.

152. 질과, 양, 어디에 주력할 것인가?

큰 보상을 받으려면 거대한 조직을 구축해 매출액을 많이 올리는 것이다(보너스를 많이 타려면 매출액이 많아야 한다). 여기에는 두 가지 문제가 있다. 양을 중시해 조직에 많은 다운라인을 확보할 것인가, 아니면 질을 중시해 꾸준히 매출 실적을 쌓는 활성화된 다운라인을 많이 확보할 것인가?

나는 이런 질문을 받은 적이 있다. "어디에 주력하시겠습니까? 양적으로 가능한 많은 사람들을 사업에 참여시키겠습니까, 아니면 질적으로 네트워크에 실적이 좋은 디스트리뷰터를 확보하겠습니까? 나는 양쪽 모두라고 답했지만 사실은 양쪽 모두 아니다. 내가 주력하는 것은 질적 복제이다.

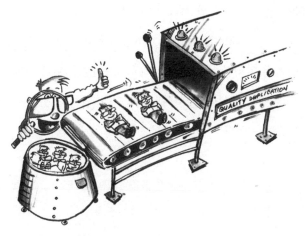

153. 복제의 힘을 이해하라

많은 사람들을 당신의 네트워크에 참여시켜라. 이 사업을 하면서 복제의 힘을 완벽하게 이해하지 못하면 사업의 핵심을 놓친 것이다.

이러한 효과를 이해하고 있는 사람들도 이를 제대로 사용하지 못할 때가 많다.

나는 이 개념을 전달하기 위해서 종종 이렇게 질문한다.

"한 달에 한 사람씩 모집을 하고 모집한 사람들이 여러분이 한 것과 똑같이 한다면 일 년이 지나면 몇 사람이 여러분의 조직에 참여하겠습니까?"

그리고 잠시 시간을 두고 청취자들이 답을 계산하도록 한다. 마침내 내가 4,096명이라는 답을 주면 청취자의 눈과 입이 휘둥그래지며 놀라는 모습을 보인다.

그렇다면 여기서 질문은, 어떻게 그렇게 할 수 있는가 하는 것인데 답은 = '질적 복제이다.'

생각할 점 | 한 달에 한 사람씩 12개월 간 모집하여 100% 복제가 되었다면 그 사람의 네트워크에는 4,096명이 참여하게 된다. 그러나 대부분의 사람들이 이러한 네트워크를 세우지 못하는 이유는 100% 복제를 하는 데 실패했기 때문이다. 따라서 자신의 그룹 규모는 얼마나 복제를 잘했는가에 달려 있다.

154. 시스템이 중요하다

복제는 이윤이 높은 네트워크를 구축하는 열쇠가 된다. 따라서 누구든지 따라할 수 있는 시스템이 필요하다. 왜냐하면 어느 개인을 따라 할 수는 없지만 시스템을 따라 할 수는 있기 때문이다. 예를 들어, 맥도널드의 창립자 레이 크록스(Ray Krocs)를 따라 할 수는 없지만 맥도널드의 프랜차이즈 시스템을 따라 할 수는 있다. 결국 전세계 20,000여 맥도널드 점포에서는 100% 완벽한 복제가 가능했다. 즉, 장기적으로 성공적인 네트워크를 구축하려면 시스템이 중요하다.

155. 완벽한 시스템이란 없다

시스템을 잘 활용 하려면 제공받은 시스템을 열심히 따라 해야 한다. '나름대로 자신만의' 시스템을 만들려 하지 말라. 자신의 네트워크를 크게 구축하고 나서 시스템을 변경할 만한 합당한 이유가 있기까지는 마음대로 시스템을 바꾸어서는 안 된다. 비록 충분한 이유가 있다 하더라도 시스템을 바꾸려면 먼저 업라인과 상의를 해봐야 한다. 또한 상의를 했다고 하더라도 기존의 시스템이 확실히, 절대적으로, 의심의 여지없이, 사용할 수 없는 한 변경하지 마라. 완벽한 시스템이란 없다. 완벽한 시스템을 만들기보다는 기존의 시스템을 완벽하게 따라할 수 있도록 능력을 배양하는 데 시간을 투자하는 것이 훨씬 낫다.

156. 시스템을 구축하려면

당신이 시스템을 만드는 경우에 유념해야 할 사항은 시스템을 쉽게 따라할 수 있도록 만들어야 한다는 것이다. 시스템이란 과정을 모아 놓은 것이다. 사람들을 모집하는 과정과 제품 교육 과정, 첫 달의 학습을 진행하는 과정 등등… 그렇기 때문에 시스템은 명확하고 간단해야 하며 이 시스템을 반드시 기록해 두어야 한다.

우수한 시스템을 구축하려면 다음 사항을 준수해라.

- 시스템을 구성할 때, 당신 그룹의 리더들을 참여시켜라ㅣ"스스로가 만들어 놓은 시스템을 따를 것이다."
- 기회가 있을 때마다 시스템을 강조하라ㅣ시스템을 설명하고 시스템을 따르도록 해라.
- 당신의 리더에게 구축해 놓은 시스템을 따라할 수 있는지 물어 보아라.
- 이러한 방식으로 리더들의 활동 시간 중 80%는 시스템에 포함된내용을 따라할 수 있는 활동에 주력하도록 하라.
- 처음 단계에서는 리더들이 시스템을 정기적으로 검토하도록 해야 한다. 이렇게 하면 문제가 발생할 수 있는 소지를 점검할 수 있으며 향상을 꾀할 수 있다.
- 시스템의 정착 여부를 판단하려면 다운라인에게 당신이 장기 휴가를 떠난 경우에도 계속해서 시스템을 따라할 것인지 물어 보아라. 이는 앞에 레이 크록스가 사망한 이후에도 맥도널드가 계속 존재할 것인가와 같은 문제이다.

157. 시스템 차용시 주의할 점

사업을 운영할 수 있는 시스템이 없다면 빌려와라. 업라인에게 얻을 수 없다면 성공한 다른 라인의 디스트리뷰터에게서 빌려와라(그렇다고 성공하지 못한 디스트리뷰터의 것을 빌려오는 것은 어리석은 짓이다). 혹시나, 당신의 회사에서 검증되지 않은 시스템을 사용하고자 할 때는 주의해야 한다. 비록 회사규정이 비슷하다고 하더라도 다른 회사에서 효과가 있었지만 당신의 경우에는 효과가 없을 수도 있다.

158. 시스템을 정착시켜라.

현재의 시스템이 다시 고안되지 않게 하려면 신규 디스트리뷰터는 어떻게 할 것인가?

다음의 사항을 참조하라.

- 시스템을 따라하도록 강조하고 최소한 처음 몇 개월 간, 약 6개월 동안은 이 시스템을 벗어나지 않도록 해야 한다. 그런데 만약 디스트리뷰터가 시스템을 벗어난 행동을 했다면 디스트리뷰터와 상담을 하도록 한다.
- 시스템을 따라해야 하는 이유와 시스템을 따라하지 않았을 경우의 결과에 대해 설명하라.
- "사업설명회를 어떻게 운영할 것인가?"와 같은 시스템에 대한 교육을 실시하라.
- 초기에 시스템을 벗어난 행위를 할 수 있는 경우를 예상하고 하 나의 시

스템을 오래 따라하면서 성과를 거둘 수 있도록 하라.

- 다른 리더들을 만나 다른 시스템에 대한 설명을 들을 수 있는 경우를 예상하고 다른 시스템으로 바꾸지 않고 새로운 아이디어만을 습득할 수 있도록 대비시켜라.

159. 시스템 보조 도구를 활용하라

시스템을 보조할 수 있는 도구들. 예를 들어 시간관리, 예상고객에게 질문할 목록, 예상고객 자료, 편지 샘플, 목표설정 양식, 교육 점검표, 회사 기준 점검표, 프리젠테이션 플립 차트, 교육용 오디오 테이프 등을 고안하라. 이런 도구들을 이용하여 디스트리뷰터에게 시스템이 효과적으로 운용될 수 있게 할 수 있다.

한 번 더 강조하지만 여기서도 중요한 것은 간단해야 한다는 것이다.

160. 시스템을 자문해 보아라

당신의 시스템을 디스트리뷰터가 배워서 따라할 수 있는지 확인하려면 우선 자문해 보아야 한다. 내가 하고 있는 일이 남이 따라할 수 있는 일인가? 사업설명회부터 예상고객 모집에 이르기까지 간단하게 따라할 수 있는가? 등을 자문해 보아라. 이런 방식으로 계속 복제 질문을 해서 답변의 75%가 긍정이면 당신의 시스템은 성공적이라고 볼 수 있다.

161. 시스템을 따라해라.

거의 모든 청소년들은 어떤 종류의 영웅을 숭배하며 자라난다. 옛날 세대의 타잔부터 슈퍼맨, 스파이더맨, 등등… 영웅이 되는 것은 멋진 일이다. 영웅은 그 시대를 휩쓸고 다니면서 문제점을 해결해 주고 악당들을 해치운다. 우리는 어릴 적부터 이런 행위을 고귀하고 존경받아 마땅하다고 생각했다. 따라서 아무리 부정하더라도 우리들 마음 깊숙한 곳에는 영웅이 되고 싶은 심리가 숨어 있다. 나의 영웅은 '론레인저' 였다. TV를 켜면 이 이야기는 서부의 한 작은 마을에서부터 시작된다. 악당들이 마을에 들어와 온갖 문제를 일으킨다. 보안관을 죽이고 예쁜 아가씨들(그중 하나는 보안관의 딸이다)를 농락하고 마을 사람들을 공포에 떨게 하는 것이다. 마을 사람들은 무력하다. 그들은 이 문제를 해결할 힘이 없다. 그런데 갑자기 저 멀리서 가면을 쓴 한 남자가 말을 타고 열심히 달려온다. 론레인저가 오는 것이다(때로는 아파치족의 원주민과 함께). 말할 것도 없이 그는 악당들 몇 명을 쏴 죽이고 나머지는 마을에서 쫓아낸다. 모든 마을 사람들은 기뻐하며 론레인저를 숭배하게 된다(보안관의 딸을 포함하여). 그는 마을 사람들을 대신해 문제를 해결해 주었다. 그러나 론레인저는 떠나야 했다. 그래서 멀리 수평선 너머로 말을 타고 달려간다.

다음 주에도 이야기는 비슷하다. 비슷한 마을, 비슷한 문제, 계속해서 반복적인 테마로 일관한다.

이 사업도 마찬가지다. 많은 사업자들은 영웅이 되고 싶어한다. 마을마다 말을 타고 다니며 디스트리뷰터의 문제를 해결해 주고 싶어한다. 그러나 영웅이 되려고 하지 말라. 그 대신, 따라해라. 영웅이 되면 기분은 좋겠지만 너무 고된 일이다.

시스템과 과정은 따라 할 수 있지만 론레인저를 따라할 수는 없다.

162. 성공를 위한 활력소

성공을 위한 활력소는 활용하는 것이다. 활용이란 적은 것으로 많은 것을 얻는 것을 말한다. 이 사업에서는 계속, 다른 사람들의 시간, 경험, 전문지식과 에너지를 활용할 수 있는 방법을 모색해야 한다. 그리고 다른 사람들에게도 당신의 시간, 경험, 전문지식과 에너지를 활용할 수 있도록 해주어야 한다.

163. 프랜차이징과 네트워크 마케팅

프랜차이징과 네트워크 마케팅은 가장 급속한 성장을 보이고 있는 사업으로서 공통점이 있다.

기본적으로 이 두 사업은 복제의 힘을 이용하고 있다는 점이다. 단지 프랜차이징은 초기 단계를 거쳐 지금은 업계에서 신뢰를 받고 있는 반면, 네트워크 마케팅은 급속도로 성장하고 있지만 아직 신뢰를 얻기 위해 노력을 경주하고 있는 상태이다.

네트워크 마케터로서 '사업을 프랜차이즈' 하는 방법에 대해 배우는 것은 대규모의 네트워크를 조직하기 위해서 의미 있는 일이다.

164. 네트워크 마케팅 사업을 프랜차이징 하기 :
복제 중요성을 강조하라

사업적 개념에서 볼 때, 프랜차이징은 복제 가능성에 중점을 두고 있다. 사실, 프랜차이징에 가입한 사람은 복제비용을 지불한다.

이는 초기 단계부터 성공모델에 충실하도록 교육을 받으며 이런 교육은 종종 프랜차이저가 직접 실행하기도 한다.

네트워크 마케팅에서는 이런 노력이 충분히 이루어지지 않는 경우가 많다. 또한 교육이 이루어진다고 하더라도 복제의 문제에 중점을 두고 있지 않아 복제가 실행될 가능성이 적다.

해야 할 일 ㅣ 복제의 중요성을 사업 초기 단계부터 강조하라. 이를 위한 방법의 하나로 모든 신규 사업자에게 복제 효과의 예를 제시해 주는 것이다.

165. 성공 열쇠 : 운영 매뉴얼

프랜차이즈의 성공 열쇠는 운영 매뉴얼에 있었다. 대부분의 경우, 프랜차이즈 조합원에게 이 매뉴얼은 완벽하게 사업을 꾸려갈 수 있도록 도와주는 '도우미' 와 같은 역할을 하였다.

네트워크 마케팅에서는 이런 사업 운영 방식에 대한 설명이 업라인에 따라 입에서 입으로 전해지거나 아예 없는 경우도 있는데 이것은 일관된 사업을 어렵게 하는 이유가 된다.

해야 할 일 | 리더들은 간단하게 '운영 매뉴얼'을 개발하여 사업 운영을 가장 잘 할 수 있는 시스템을 설명해 주어야 한다.

166. 신규 사업자을 위한 시스템 교육

프랜차이징에서는 체인점 영업권을 판매하지 않는다. 오히려 조합원을 '선정'한다. 즉, 체인점 영업권을 허가하기 전에 조합원이 일정 기준에 도달하는지 확인한다. 어떤 경우에는 일정 교육까지 이수해야 한다.

그러나 네트워크 사업에서는 제품을 '사용하거나 판매'하고 '사업을 구축'하고자 하는 사람은 누구나 참여할 수 있다. 가입하는 데 일정 기준은 필요 없으며 신청서에 사인을 하고 제품을 구입하면 된다. 그렇다고 지금 당장 디스트리뷰터를 '선정'하라는 이야기는 아니다.

해야 할 일 | 사업을 구축하고자 하는 모든 신규 사업자에게 일정 기간의 교육을 받고 과제물 예를 들어, 모든 제품을 사용해 보기, 명단 작성하기, 4개의 모임에 참석하기 등과 같은 작업을 완수하도록 한다.

이는 신규 사업자가 다음 단계로 올라가기 전에 거쳐야 할 자격 요건이며 이러한 단계를 밟은 신규 사업자는 시스템의 세부사항에 더많은 주의를 기울이게 된다. 만약 이런 작업을 거치지 않은 사람들에게는 시간을 더 주거나 다른 사업을 찾도록 해야 한다.

그리고 프랜차이징에서도 효과가 있는 좋은 부분은 우리가 배워서 활용할 수 있도록 해야 할 것이다.

N E T
WORK
MARKE
TING
2 0 1
IDEA

Step 7

이윤 높은 네트워크를
독려하고 유지하기

167. 나의 성공을 위한 선서

- 나에게 성공과 좋은 일들만 약속한다.

- 나의 주변에는 항상 멋지고 아름답고 성공한 사람들만 있을 것이다.

- 나의 인생은 풍요로 가득차 있을 것이다.

- 내가 필요로 하거나 원하는 것을 언제든 가질 수 있다.

- 내가 원하는 완벽한 삶을 살고 있다.

- 나에게는 멋진 가족, 항상 원하던 차가 있고 원할 때는 언제든지 원하는 곳으로 여행을 한다.

- 나에게는 설득력이 있어서 사람들에게 내 사업에 대해 설명하면 사람들은 참여하고 싶어한다.

- 나는 강한 사람이며, 내 인생에 절대적인 통제력을 가지고 있다.

- 나는 사업을 하면서 연간 20만 달러의 소득 목표를 달성하였다.

168. 긍정적인 사람이 되기 위해 해야 할 일

집안에 긍정적인 글들을 붙여 놓으면 생활 하면서 이 글들을 볼 때마다 기분이 나아질 것이다. 예를 들어, 다음과 같은 글들을 붙여 놓을 수 있다.

- 승자는 결코 포기하지 않는다. 포기하는 자는 결코 승리하지 못한다.

- 좌절했다고 해서 실패한 것이 아니며, 스스로 실패 했다고 인정하기 전까지도 실패한 것은 아니다.

- 패배란 없다. 잠시 후퇴가 있을 뿐이다.

169. 생각을 하라 그러면 부자가 될 것이다

자신의 목표에 대해 구체적으로 생각 하라.

나폴레옹 힐은 그의 저서에서 다음과 같이 이야기하고 있다.

- 원하고 있는 것에 대해 명확하고 구체적인 꿈을 가져라.
- 꿈을 이루기 위해 필요한 방법을 결정하라.
- 실천 계획을 세워라.
- 실천 계획에 필요한 도구, 기술, 인력을 확보하라.
- 목표 달성 일자를 결정하라.
- 즉시 시작하라.

170. 자신에게 계속 동기를 부여하는 기법

목표를 세우고 목표를 달성하면 스스로에게 포상을 하라.

자신이 원하는 것(차, 집, 별장 등…)과 같은 사진을 걸어놓고 매일 보면서 원하는 그것을 얻게 되었을 때를 상상해보아라.

그렇게 하면 지속적으로 자신에게 동기를 부여 할 수 있다. 자신과 싸워라. 자신의 잠재력을 깨닫고 목표 달성에 주력하라.

다른 사람들의 일을 걱정하지 말고 성공담을 읽어라. 또한 위인들의 전기를 읽어라. 그들의 경험과 용기에 대해 알아보아라. 다른 사람에게 용기를 줌으로써 스스로 용기를 얻어라.

다른 사람을 가르치면 가르칠수록 더많은 것을 배울 수 있다. 따라서 다른 사람들에게 동기를 부여하라. 그러면 자기 자신도 동기부여가 된다는 사실을 깨닫게 될 것이다.

171. 포기하지 말라

성공하려면 끈기가 있어야 한다. 사업초기에 성장이 부진하다고 해서 포기하는 실수를 범하지 말라. 모든 일이 제자리를 잡으려면 어느 정도 시간이 걸리는 법이다. 그러고 나면 당신 그룹은 급속도로 성장하기 시작할 것이다.

전 세계적으로 성공한 사업자들의 공통점은 단 한 가지, 포기하지 않았다는 것이다.

172. 독수리가 되려면 독수리와 어울려라

성공한 사람들과 사귀어라. 옛말에 "독수리가 되고 싶으면 독수리와 어울려야지 닭과 어울려서는 안 된다."라는 말이 있다. 성공을 거둔 사람들과 함께 지내라. 그들과 이야기하면서 성공 방법을 물어보고 교훈을 얻어라. 또한 옷 입는 방법이나 이야기하는 방법 등을 눈여겨 보아라. 이런 사람들은 분명 긍정적이고 열정적이며, 낙관적이면서 유머가 있고 재미있다는 것을 알게 될 것이다.

173. 목표를 성취 가능한 것으로 만들기

목표를 달성하려면 실천 계획을 세워야 한다. 목표하고 있는 판매량이나 모집 인원수를 일별, 주별, 월별 단위로 관리하기 쉽게 나누어 놓아라. 또한 자신의 목표를 점검하라. 목표를 이루었을 때의 자신의 모습이나 자신이 평소에 하고 싶던 일(예를 들어, 골프를 치거나 호화 유람선을 타는 것 등)을 하면서 휴식을 취하는 모습을 상상해 보아라.

174. 정기적으로 목표 점검하기

정기적으로 목표 전반을 점검해야 한다. 다음 질문을 생각해 보아라.

- 나의 현재 목표는 무엇인가?

- 가장 중요한 목표는 무엇인가?

- 목표를 변경하고 싶은가?

- 목표 달성 일자는 언제인가?

- 원하는 것을 달성하기 위해 무엇을 해야 하는가?

175. 약속을 하면 반드시 실천에 옮겨라

약속한 것을 실행하라. 사람들을 불안하게 만들지 말라. 그들에게 전화를 하고 e-메일을 보내고 편지나 팩스를 보내라. 상대방이 걱정하지 않도록 본인이 애쓰고 있다는 것을 보여주어라. 예기치 못했던 일이 발생하였을 경우에는 즉시 상대방에게 연락을 하고 의구심을 갖게 하지 말라. 시간을 지키고 신뢰를 쌓아라. 이것이 최대의 과제이다.

176. 칭찬과 보상은 필수적 요소이다.

다운라인을 칭찬하고 포상 하라. 그들의 사업에 관심과 애정을 쏟아라. 또한 사람들을 축하해 줄 수 있는 독특한 방법을 개발해 보아라. 보상은 당신의 건강한 네트워크를 위해 필수적인 요소이다. 보상 방법은 작은 일을 성취한 것에 대한 치하에서부터 큰 실적을 올린 사람에게 뜻 깊은 선물을 주는 것 등 다양하다.

사람들이 일를 그만두는 것은 자신의 공헌을 인정받지 못했기 때문이다. 회사에만 의존하지 말고 그룹 차원에서 또는 리더로서 다운라인들에게 직접적인 보상을 해주어라.

177. 관심을 가지고 얘기를 들어라

다운라인과 시선을 맞춰라. 상대방의 이야기를 경청하고 부지런히 메모해 두어야 한다. 이야기 도중에는 상대방에게 흥미를 주기보다는 관심을 가지고 이야기를 들어야 한다.

178. 희망과 꿈을 이끌어 내라.

자신의 목표를 달성하려면 다른 사람들의 희망과 꿈을 이끌어 내야 한다. 올림픽 장대높이뛰기 금메달리스트이자 10종경기 챔피언인 밥 리처드(Reverend Bob Richards)는 고등학생들에게 동기부여에 대해 자주 강연을 했는데 이런 말로 강연을 끝맺곤 했다. "바로 이 강당에 올림픽 챔피언이 있습니다. 여러분 중에 누군가는 기꺼이 그 영광을 얻을 것입니다. 여러분은 자신을 잘 이끌어 나아가야 합니다. 감사합니다." 이러한 강연을 여러차례 하던 어느 날, 가능성이 전혀 없을 것 같은 학생, - 뚱뚱하고 키도 작고 제대로 발육이 되지 않은 - 그 학생이 말했다. "리처드

씨, 저는 올림픽 챔피언이 될 겁니다!" 또 다른 학생은 저는 "4년 안에 금메달을 딸 겁니다." 가능성이 없어 보이던 이 학생들이 성장하여 결국 '승자'가 되었다! 그들은 자신이 할 수 있다고 믿었기 때문에 올림픽에 나가 챔피언이 된 것이다. 만나는 사람들의 목표와 희망을 이끌어 내라. 내가 알고 있는 어느 사업자는 자신의 다운라인을 '미래의 다이아몬드'라고 소개한다.

179. 승리를 위한 계획

약간의 성공을 거두고 나서 자신의 앞길을 막지 못해 안달이 난 것 같은 사람을 본 적이 있는가? 이런 사람들은 승리를 위한 계획 따위는 필요 없다.

스페인의 정복자 헤르난도는 약간의 군사와 말 몇 필 그리고 전략적인 계획을 세워 멕시코 전체를 점령했다.

스페인의 배가 베라 꾸르스라고 불리는 항구에 도착했을 때, 헤르난도는 그의 계획을 실천에 옮겼다. 몬테수마 군대의 폭정에 시달려온 원주민을 모아 거대한 군대를 조직한 뒤, 그의 병사들이 원주민 군대를 이끌어 몬테수마를 내몰 전략을 세웠다.

그런데 스페인의 군인들이 겁이 났는지 헤르난도에게 말했다. "대장님, 몬테수마를 내몰고 승리를 거두려는 대장님의 계획 A는 훌륭합니다. 그러나 계획 B도 함께 세워야 합니다. 안전하게 배까지 후퇴할 계획이 필요합니다." 헤르난도는 더 생각해보고 다음 날 아침에 답변을 주겠다고 말했다. 그날 저녁, 헤르난도는 하인을 보내 항구에 정박해 있던 자신의 배를 침몰시켰다.

새벽, 그의 군사들은 청천벽력을 맞은 것 같았다. "배로 후퇴할 계획인 B는 어떻게 된 겁니까?"라고 군사들이 소리치자 헤르난도가 대답했다. "우리는 계획 A를 가지고 싸울 것이다. 이 계획은 승리를 위한 계획이다."

180. 다른 사람을 위해 일하라

자신의 일에 자부심을 가져라. 어떤 사람이 80세의 백만장자에게 열심히 일하는 이유를 물었다. 그 백만장자 왈, '나는 돈이 필요 없지만 나를 위해 일하는 사람들이 돈이 필요하다'고… 이 백만장자는 다른 사람을 위해 기회를 만들어 주는 것을 자랑스러워 하고 있는 것이다.

181. 자신의 일을 사랑하라!

자신의 사업, 업계, 직업을 사랑하라. 좋아하지 않는 일을 하고 있다면 괜히 짐짝처럼 사장 목에 매달려 있지 말라. 그렇게 끔찍한 회사와 누가 사업을 하고 싶어 하겠는가? 그 직장을 그만두고 자신이 잘 할 수 있는 일을 찾아라. 누가 당신에게 하루 몇 시간 일하는지 물으면 "가능한 적게"라고 대답하는 대신 "가능한 많이! 더 많기를 바랄 뿐입니다."라고 대답할 수 있어야 한다. 공자가 말하기를, "인생에서 진정으로 사랑하는 일을 찾았다면 그때부터는 일을 하는 것이 아니다."라고 했다.

182. 시각화의 힘을 활용하라.

목표 달성을 암시하라. 당신이 이루고자 하는 목표들을 그림, 사진, 문구 등으로 만들어 붙여 놓고 매일 보면서 암시하라.

콘래드 힐튼(Conrad Hilton)은 목표 달성을 위해 다음과 같이 했다. 그는 항상 사고 싶은 호텔의 사진을 붙여 놓고 시각화 하였다. 그리고 마침내 꿈을 이루었다.

183. 내게 전화를 해주십시오.

다운라인에게 당신의 전화를 기다리지 말고 전화를 하도록 가르쳐라. 이렇게 하면 시간도 절약할 수 있고 일도 한결 쉬워진다. 이렇게 하려면 다운라인이 당신에게 전화를 하거나 e-메일을 보내도록 계속 권유해야 한다. 그가 전화를 하거나 e-메일을 보냈는데 당신이 바로 받지 못했을 때는 반드시 빠른 시간내에 다운라인에게 연락을 해주어야 한다. 또한 다운라인들의 e-메일주소를 저장하여 새로운 아이디어나 고무적인 소식이 있을 때는 즉시 모든 다운라인에게 전달하라.

184. 간섭하지 말고 자유롭게 해주어라

다운라인이 당신에게 전화를 하지도 않고 도움이 필요 없는 것으로 보이면 다 자란 자식에게 간섭을 하는 엄마처럼 상실감에 빠져서 잔소리를 하거나 과보호를 하려고 하지 말라.

다운라인은 항상 그 자리에 있을 것이고 당신도 제자리를 지키면서 다운라인이 도움을 필요로 할 때, 도움이 되어야 한다. 다운라인과 자주 통화를 하면서 사업을 어떻게 하는지 알아보되 간섭 을 하지는 말라.

185. 긍정적인 요소는 받아들여라

다운라인에게 부정적인 요소는 멀리하되 당신에게 부정적인 요소를 말해 줄 것을 당부하라. 이는 바로 부정적인 요소와는 싸우고 긍정적인 요소는 받아들이는 규칙이다. 이 규칙은 당신의 네트워크를 긍정적이고 활력 있게 만들며 성장을 가능하게 하는 주요 요인이다. 부정적인 요소에는 방어적인 자세를 취하기보다 맞서 싸워야 한다. 항상 이렇게 할 수는 없겠지만 그래도 이러한 노력이 다운라인에게는 더욱 중요하다.

186. 열정을 보여라

이 사업에서 쌓아가야 할 가장 중요한 믿음은 마케팅, 회사, 제품, 사업 기회가 가지고 있는 가능성에 대한 믿음이다. 그 중에서 가장 중요한 것은 자신과 상대방의 성공 가능성에 대한 믿음이다. 당신의 사업을 설명할 때는 열정을 보여주어라. 이것이 중요하다. 이때는 무엇을 이야기하는가 보다는 어떻게 이야기하는가가 더욱 중요하다는 점을 명심하라.

187. 생산성과 적극성을 혼동하지 말라.

일을 올바르게 처리하는 것 이외에도 올바른 일을 하라.

생산성과 적극성을 혼동하지 말라. 이 사업을 구축하는 데는 세 가지가 필요하다. 소비자 기반 확보, 디스트리뷰터 후원 그리고 자신의 사업 방식을 다른 사람들이 따라할 수 있도록 돕는 것이다.

188. 다운라인을 잘 알고 있어야 한다

이 사업은 관계 사업이다. 사업에서 가장 중요하게 성장시켜 나가야 할 관계 중 하나는 팀원과의 관계이다. 따라서 팀원과 그의 가족에 대해 잘 알고 있어야 한다. 아내 또는 남편, 자녀의 이름을 기억해 두어라. 사소한 일인 것처럼 보일지 모르지만 중요한 일이 될 수 있다. 자신의 다운라인을 빨리, 제대로 알 수 있는 최상의 방법은 함께 비즈니스 여행을 하는 것이다. 함께 출장을 가라.

189. 배터리 재충전하기

자신의 배터리뿐만 아니라 팀원의 배터리도 재충전해야 할 필요가 있다. 주말에 인센티브로 호텔 특실에 묵거나 짧은 여행을 해보아라. 더좋은 것은 그룹으로 함께 떠나 공식적인 일정 없이 가족행사로 만들어 게임을 하며 즐겁게 보내는 것이다.

190. 저렴한 인센티브

저렴한 비용으로 팀원들에게 혜택을 줄 수 있다.

가정을 더 잘 돌볼 수 있는 방법에 대한 세미나를 개최하거나 건강 관련 연사를 초빙하여 강연회를 개최하는 것이다. 그러면 당신은 에너지가 충만해진 팀원들로부터 혜택을 받게 될 것이다. 또는 팀원들을 로터리클럽 디너에 초대해 네트워크에 참여시키는 기회로 이용할 수도 있다.

191. 욕구와 효율적인 동기부여 방법 찾기

다운라인의 욕구를 알지 못하는 경우가 종종 있다. 이때는 설문조사를 활용하는 것이 유용하다. 유용한 의견을 얻으려면 설문지를 세심하게 고안해야 한다. 어쩌면 다운라인의 의견에 놀랄 수도 있다. 어느 인센티브가 다운라인에게 동기를 잘 부여하는지 알고 있는가? 모른다면 다운라인에게 물어보아라.

192. 과거와 현재를 비교해서 보여줘라.

훌륭한 모집 방법은 이 사업에 참여하기 전에 어떻게 살았으며 어떤 생활을 하였는지 보여주는 것이다. 또는 초라하게 시작해서 지금은 부유하고 유명해진 생활을 비디오로 보여 줄 수도 있다. 만약 예상고객이 자신도 가능하다는 것을 이해하게 된다면 사업에 뛰어들 수 있는 동력이 된다.

193. 목표를 녹음하여 들어라.

다운라인과 인터뷰를 하여 그들이 이 사업에 대해 진지하게 생각하고 있는지 물어보고 사업이나 제품등을 통해 어떤 이익을 보았는지 글로 쓰게 하라. 사람들은 말보다는 글을 통해 솔직함을 잘 표현한다.

다운라인의 목표에 대해 말해줄 것을 요청하라. 녹음된 목표를 들어 놓고 자신의 목소리를 정기적으로 들으면 목표 달성에 더욱 큰 효과를 거둘 수 있다는 사실이 입증된 바 있다. 다운라인들이 스스로의 목표를 듣도록 만들어라.

194. 목표를 반복하여 강화하라.

팀 목표의 최대 문제점은 대부분 팀의 목표가 연초에 단 한번 이야기 될 뿐, 그 이후로는 무엇을 하든 자신과 다른 사람들 모두 그 목표를 잊어버리기 쉽다는 것이다.

목표를 가능한 자주 사람들 앞에서 이야기하라. 반복하는 것이 목표를 강화시키는 방법이다. 개인의 목표도 마찬가지다.

게리로버트는 사람들에게 각자의 목표를 적게 한 후 매일 다른 종이에 그것을 옮겨 적게 했다. 이 방법은 내게 효과가 있었다.

195. 논쟁을 해서 이기려 하지말라.

논쟁하지 말라. 어떤 경우에도 살벌한 논쟁에서 이길 수 없다. 상대방에게 '틀렸다' 라고 말하는 것은 도움이 안된다. 동의할 수 없을 때는 (종종 있겠지만) 기술적으로 처리해라.

기술적인 방법이 서로의 감정을 상하게 하는 것을 피하고 자신이 주장하려는 다른 측면에서의 이유를 상대방이 동의하게 하는데 효과적이다. 그 다음에 자신이 생각하는 더 강력한 이유를 조용히 설명하는 것이다.

이런 방식은 상대방의 체면도 살리고 자신이 하고 싶은 것도 얻을 수 있다.

196. 절대로 사람들 앞에서 창피 주지 말라.

인간관계에 있어서 여러가지 나쁜 습관들은 감정을 상하게 하고 더 큰 문제를 만든다. 특히 절대 해서는 안될 습관으로 사람들 앞에서 부하직원을 험담하는 것이다. 문제는 이런 상사와 리더는 유능한 사람들을 쫓아내고 결국은 자포자기한 심정을 가지고 있는 사람들만이 주위에 남아있게 된다.

197. 험담은 등을 돌리게 한다.

리더가 되는 것은 쉽지않다. 리더를 부정적으로 보기 보다는 긍적적인 시각으로 봐야 한다. 사람들은 자신을 당황하게 만들거나 험담하는 말을 들으면 우울해하며 등을 돌리게 된다. 이런 것이 쌓이면 팀원과의 신뢰와 회사의 신뢰감을 파괴하는 결과를 초래한다. 이와 같이 상처를 주는 나쁜 버릇은 과감히 버리고 인간관계를 돈독히 하는 즐거운 일터를 만들어야 한다.

198. 열의와 인간적인 매력 표출

대부분 이야기를 들을 때, 이야기속으로 끌려드는 경우가 있는데, 이것은 이야기하는 사람의 진정한 열의를 느낄 수 있기 때문이다.

결국 자신의 열의를 진지하게 표현하되 강요된 느낌을 주지 않아야 하며 인간적인 매력이 자연스럽게 전달되어야 한다.

질문을 받았을 때는 추상적인 답변이 아닌 구체적인 답변을 해주며 얘기가 폭 넓고 생각이 확고한 사람일수록 인간적인 매력을 지니는 것으로 평가 받는다. 또한 이것만은 꼭 얘기해 주어야겠다는 열의를 목소리와 몸짓으로 보이면서 말할 때 대화는 효과적으로 진행된다.

199. 재미있고 즐겁게 사업하라

즐겁게 사업을 하라. 사업이 즐겁지 않으면 사업을 오래 할 수 없다. 꿈을 키우고 스트레스를 줄이며 서로를 보살피고 공유하는 일에 관심을 가져라. 이것이 바로 이 사업이 지향하는 바이다. 또한 사업과 재미를 결합시키는 것도 중요하다.

마이클은 사업을 국제적으로 확장시키고자 결심하고 아내와 함께 미개척 시장인 필리핀을 선택했다. 그들은 마닐라를 자주 여행하면서 필리핀이야말로 자신들이 항상 원해 왔던 곳임을 깨닫게 되었고 즐겁게 사업을 할 수 있었다.

200. 비즈니스에서 실패하는 50가지 요인

1. 목표를 써놓지 않는다. - 자신의 인생에서 원하는 것이 무엇인지 모른다.
2. 방향성도, 비전도, 꿈도 없다. 혼돈스럽고 상실감에 빠져 있다.
3. 진지한 사업 열의가 없다. 따라서 진지한 실행 계획도 없다.
4. 일찍 포기한다. - 대개 시작한 지 90일 안에 그만둔다.
5. 게으르다. - 일하지 않고 다운라인의 노력을 통해서 수확을 거두려고 한다.
6. 사업에 소매 기반이 확보되어 있지 않다.
7. 일일 단위로 사업을 하지 않는다.
8. 업라인의 소득에 불만을 표시하고 일을 그만두어 업라인이 자신의 생산을 통해 보너스를 받지 못하도록 한다. - 이는 자멸 행위이다.

9. 계속해서 회사, 제품, 보상플랜, 업라인의 후원부족 등을 비난한다. - 다른 사람이 같은 조건 하에서 성공하였다면 본인도 성공할 수 있음을 깨닫지 못 한다.

10. 노력은 하지 않은 채 터무니없이 기대만 크다.

11. 조급하다. - 필요한 노력을 기울일 의사는 없고 일확천금만을 꿈꾼다.

12. 아이처럼 불평불만에 가득차 있다. - 아무런 실적이 없다.

13. 가족, 친구, 친지의 부정적인 이야기에 쉽게 영향을 받는다. - 긍정적인 면은 듣지 않는다. - 자신 스스로 판단할 수 없다.

14. 항상 변명을 늘어 놓는다.

15. 자신이 모든 것을 알고 있다고 생각한다.

16. 실적을 올리지도 못하고 여기저기 회사를 전전하며 다닌다. - 이럴 경우 큰돈을 벌지 못한다.

17. 스스로 실적을 높이지 못하고 실적이 높은 사람을 후원하고 싶어한다. (실적이 높은 사람을 후원하는 것보다는 실적이 높은 사람으로부터 후원을 받는 것이 더 좋다. 이렇게 하면 실적을 높일 수 있는 방법을 배울 수 있으며 자신의 후원자가 톱 프로듀서라고 소개하면 훌륭한 모집 수단이 될 수 있다.)

18. 정리정돈이 되어 있지 않다. 서류를 찾는 데 많은 시간을 허비한다. - 책상 위가 어지럽다.

19. 기록을 하지 않는다. - 거래 내역에 대한 정확한 기록이 없다.

20. 개인의 이익에만 관심이 있다. - 고객과 다운라인의 요구에는 관심을 두지 않는다.

21. 이 사업에서 성공하는 방법을 알지 못한다. 또한 알려고 하는 의지도 없다.

22. 고객 또는 다운라인과 쉽게 가까워지지 못한다.

23. 걸려온 전화에 즉각 회신을 하지 않는다.

24. 약속을 지키지 못하고 약속을 지키지 못한 이유도 설명하지 않는다.

25. 예상고객과 기존고객을 관리하지 못한다. 또한 관심을 보이지도 않는다.

26. 조그만 문제나 어려운 상황에 실망하고 만다. 따라서 노력도 중단된다.

27. 다른 회사에 대해 비난을 한다. - 긍정적인 사람으로서의 신뢰감을 잃는다.

28. 네트워크 마케팅 사업에 대해 진지하지 못하다.

29. 자부심이 부족하다. - 차림새가 깔끔하지 못하며 지저분한 차를 몰고 다닌다. 예상고객은 이러한 사람을 자부심이 부족하다고 여긴다는 사실을 깨닫지 못한다.

30. 비전문적이고 확실하지 않은 정보들을 유포한다.

31. 제대로 제품의 효능을 소개하지 못한다.

32. 제품의 효능을 스스로 믿지 못한다.

33. 고객 또는 다운라인의 불만사항을 처리하지 못한다.

34. 다운라인의 목표 달성을 칭찬, 인정해 주지 못한다. 너무 자기중심적이다.

35. 톱 디스트리뷰터와 어울리지 못하고 부정적인 사람들과 어울린다. - 원래 사람들은 유유상종하는 법이다. 주의하라!

36. 시급한 정보를 다운라인에게 즉시 전달하지 않는다.

37. 정리하는 데 너무 많은 시간을 소비하고 예상 또는 기존의 고객과 이야기하는 시간이 거의 없다. 즉, 사람들을 피하는 경향이 있다.

38. 신규 회사에 대해 시간이 걸린다는 사실을 인정하지 않고 완벽함을 기대한다.

39. 성공을 위한 계획을 세우는 데 시간을 투자하지 않는다.

40. 전문가다운 외모를 갖추지 못했다.

41. 최근 업계 현황에 대해 책을 읽지도 않으며 정보에 뒤쳐진다.

42. 신체적으로 건강하지 못하고 에너지가 부족해서 사업을 위해 매진하지 못한다.

43. 전력을 기울이지 않는다.

44. 소문만을 믿고 사실을 확인하지 않는다. - 아무 프로그램에나 속기 쉽다.

45. 잘못된 사업 프로그램에 참여하고 있다.

46. "모든 것은 자신에게 달려 있다!"라는 중요한 사실을 믿지 않는다.

47. 체인 레터, 불법 피라미드나 기타 사업에 연루되어 있다.

48. 다른 사람의 덕을 보려고 한다. - 아무 것도 하지 않고 공짜로 뭔가 얻기를 바란다.

49. 광고, 브로셔, 전단 등과 같은 일에 투자를 하려고 하지 않는다. 너무나 안전지향적이다. 그저 앉아서 일이 저절로 이루어지기만을 기다린다.

50. 상대방의 거절을 개인이 거절당한 것으로 여긴다(상대방의 거절은 "지금은 거절하지만 수락할 수 있는 근거를 제시해 주십시오."라는 의미이다). 결국 사람들에게 전화하는 일을 포기한다.

201. 성공을 위한 18가지 조언

1. 왜 이 사업을 하는지 알고 있어라.
- 이 사업은 명확한 목표와 이유를 가지고 있어야 한다.
- '왜'를 알고 있으면 '어떻게'는 쉬운 것이다.
2. 목표를 명확히 하고 시각화 하라.
- 무엇을 원하는지, 언제 이루고 싶은지, 그것을 얻기 위해 무엇을 할 수 있는지 항상 인지하고 이 모든 것을 수시로 시각화 해야한다.
3. 자기 제품의 최고 고객이 되어라.
4. 마케팅 플랜을 보여줄 때는 열정적으로 해라.
- 매주 3회 이상 사업 플랜을 보여 줌으로써 설명을 들은 그들도 사업에 동참하게 한다.
5. 소비자를 지속적으로 늘려 나아가라.
- 자신의 소매 실적을 늘리고 사람들에게 그 방법을 가르쳐라. 이것은 파트너가 실적을 높일 수 있도록 돕는 다는 의무를 다하는 것이기도 하다.
6. 매일 한 사람 이상의 소매 고객에게 서비스를 제공해라.
- 이와 같은 활동을 할때는 새로운 파트너를 참석시켜 서비스 과정을 트레이닝 한다.
7. 만나는 사람은 누구에게나 말을 건네라.
- 이것은 '3피드법'이라고 하는데, 다시 말하면 만나는 모든 사람이 대상이 된다는 뜻이다.
8. 매일 긍정적이고 성공 지향적인 책을 읽어라.
- 하루에 1시간 이라도 책을 읽고 적극적인 정신 자세를 키우며 자기 훈련

을 함으로써 성공의 기초를 다져라.

9. 매일 아침 오늘 할 일에 대해 계획을 세워라.

• 이것은 시간을 효율적으로 쓰는데 큰 도움이 된다.

10. 초기 명단을 작성한 후에도 계속 추가해 나아가라.

11. 매월 개최되는 그룹 행사에 참석하라.

12. 효율직인 비즈니스를 위해 중요한 일을 먼저 처리하라.

13. 말로만 하는 것이 아니라 행동으로 보여 줘라.

• 들은 것을 이행하기 보다는 눈으로 본 것을 따라하기 쉽다.

14. 밖으로 나가서 비즈니스를 하라.

• 집에서 미팅이 있는 경우를 빼면 집안에는 고객이 없다.

15. 변명을 받아들이지 말라.

• 특히 자신의 변명을 받아주지 말라. 이 사업은 변명이 필요 없으며 오로
지 선택만이 있을 뿐이다.

• 승자들과 어울려라.

• 실패자에게 얻을 수 있는 것은 어떻게 실패할 수 있는가 하 는 것 뿐이다.

16. 이 사업을 크게 보되 일을 단순하게 처리하라.

• 엄청난 가능성을 가진 사업이라 하더라도 비즈니스 소개와 제품 설명은
단순화할 필요가 있다. 이 사업은 관리보다는 판매와 확장에 더 큰 비중
을 두어야 하기 때문이다.

17. 자기 사업에 믿음을 가져라.

• 믿음이 없는 사업은 성공할 수 없다.

18. 지금 바로(NOW) 실행하라.

• 아직도 늦지 않았다.